Erlebnispädagogik im Klassenzimmer

Praktische Übungen zur Wissensvermittlung

Klaus Minkner
Illustrationen von Ines Friedel

ziel
Gelbe Reihe : Praktische Erlebnispädagogik

Dieser Titel ist auch als eBook erhältlich
ISBN 978-3-944 708-51-5

Sie finden uns im Internet unter
www.ziel-verlag.de

Bibliografische Information der Deutschen Nationalbibliothek
Die Deutsche Nationalbibliothek verzeichnet diese Publikation in der Deutschen Nationalbibliografie; detaillierte bibliografische Daten sind im Internet über *http://dnb.d-nb.de* abrufbar.

Printed in Germany

ISBN 978-3-944 708-18-8 (Print)

Verlag: ZIEL – Zentrum für interdisziplinäres erfahrungsorientiertes Lernen GmbH
Zeuggasse 7–9, 86150 Augsburg, www.ziel-verlag.de
1. Auflage 2014, Nachdruck 2022

Gesamtherstellung: **FRIENDS** Menschen Marken Medien
www.friends.ag

Gedruckt auf Circle Offset White – FSC-Recycled/Der Blaue Engel 80 g/m²

„Das Erlebnis kann man nicht rational vermitteln, es muss emotional erfahren werden. Man kann es nicht lehren, man muss es bisweilen inszenieren."

(Kurt Hahn in Kreszmeier A.H. (1994) Das Schiff Noah. Dokumente einer therapeutischen Reise)

Inhaltsverzeichnis

Danksagung

Zu der hohen Qualität und dem Inhalt dieses Buches haben viele liebe Menschen beigetragen. Allen voran möchte ich Miklas Wrieden, Yvonne Voges und Andreas Fuchs erwähnen. Bei Miklas Wrieden möchte ich mich nicht nur für die Gesamtleitung des Projekts bedanken, sondern auch dafür, dass er es hervorragend verstanden hat, mich während des gesamten Projekts immer wieder neu zu motivieren. Bei Yvonne Voges und Andreas Fuchs möchte ich mich für die langjährige Zusammenarbeit und das gemeinsame Erarbeiten und Gestalten konstruktiver Ideen ganz herzlich bedanken.

Ines Friedel als ausgezeichnete Illustratorin schaffte es, die teils komplexen Übungen sehr prägnant und anschaulich darzustellen.

Dieses Buch ist ein Ergebnis der bisherigen Lehrerfortbildungen und ich bedanke mich bei allen teilgenommenen Lehrerinnen und Lehrern,
denn sie sind die eigentlichen Co-Referenten des vorliegenden Buches.

Ganz besonderer Dank gilt meiner Familie, meinen Freunden und Kollegen. Ohne ihre Unterstützung und ihr Interesse an meiner Arbeit wäre ein Projekt von dieser Größenordnung nicht zu bewerkstelligen gewesen.

Einleitung

„Der Mensch spielt nur, wo er in voller Bedeutung des Wortes Mensch ist,
und er ist nur da ganz Mensch, wo er spielt."

(Friedrich Schiller, Briefe über die ästhetische Erziehung des Menschen, 15. Brief)

Ist es möglich, dass Erlebnispädagogik Einzug in den Schulalltag hält, eingezwängt in das Regelwerk „Schule" mit einer Klassenstärke bis 30 Schülerinnen, der zeitlichen Vorgabe von 45 oder 90 Minuten und der Begrenzung auf das Klassenzimmer? Kann mit Erlebnispädagogik auch Wissen vermittelt werden?

Angeregt durch Teilnehmerinnen verschiederner Lehrerfortbildungen mache ich mir in disem Buch Gedanken zu den oben aufgeworfenen Fragen; stelle in den 64 praktischen Übungen praxiserprobte Beispiele dar, welche mit wenig Materialaufwand in den Unterricht integriert werden können.

Zielgruppe dieses Buches sind Lehrerinnen und Lehrer aller Schulformen der Sekundarstufen 1 und 2, Lehrkräfte an Berufsschulen sowie alle Pädagoginnen, welche einer lehrenden und vermittelnden Tätigkeit mit jungen Menschen nachgehen.

Im ersten Abschnitt gebe ich einen kurzen Abriss über die Begrifflichkeit und Geschichte der Erlebnispädagogik. Dieser Abriss erhebt nicht den Anspruch auf Vollständigkeit. Für ein intensiveres Studium der Geschichte der Erlebnispädagogik stehen unterschiedliche Publikationen zur Verfügung. Ein Beispiel sei hier genannt: Rainald Baig-Schneider „Die moderne Erlebnispädagogik". (Baig-Schneider, 2012)

Ich entschied mich für die weibliche Form der Ansprache, was keine Ausgrenzung der Männer darstellen soll. Ich bitte die Männer um Nachsicht.

Definition Erlebnispädagogik

Erlebnispädagogik in der Definition von Heckmair und Michl (2012):
„Erlebnispädagogik ist eine handlungsorientierte Methode und will durch exemplarische Lernprozesse, in denen junge Menschen vor physische, psychische und soziale Herausforderungen gestellt werden, diese in ihrer Persönlichkeitsentwicklung fördern und sie dazu befähigen, ihre Lebenswelt verantwortlich zu gestalten."

Wikipedia fügt ergänzend hinzu:
„Erlebnispädagogik gilt heute als integrativer Bestandteil ganzheitlicher Erziehungs- und Bildungskonzepte. Ursprünglich in der Reformpädagogik verwurzelt, gewinnt sie in jüngster Zeit wieder an Bedeutung, da Schlüsselqualifikationen wie soziale Kompetenz, Wagnisbereitschaft und Persönlichkeit eine zunehmende Rolle in der Gesellschaft spielen."

Geschichte der Erlebnispädagogik

Die Geschichte der Erlebnispädagogik beginnt schon sehr früh. Einer der dieses Thema erstmals in der Öffentlichkeit zur Sprache brachte war Jean-Jacques Rousseau (1712 bis 1778) mit seinem Buch „Emile oder Über die Erziehung".

Kurt Hahn prägte die schulische Reformpädagogik. Er war der Begründer der Schule Schloss Salem (1920). Damit gestaltete er erfolgreich die „verkopfte bürgerlich ausgerichtete" Schulform um.

Leider wurde Erlebnispädagogik erst in den 80er Jahren des zwanzigsten Jahrhunderts wieder thematisiert und dann vorwiegend in außerschulischen und projektbezogenen Aktionen umgesetzt.

Vergleicht man das Arbeiten in der *Schule*, die vom Lernen mit „Kopf, Herz und Hand" spricht, mit der Arbeit der *Erlebnispädagogik*, die vom Lernen mit „Herz, Hand und Kopf" (Ziegenspeck,1994, S. 3f.) handelt, so wird ein Unterschied deutlich. Wenn die Kinder durch eigenverantwortliches Handeln lernen, ist dies viel nachhaltiger als das sture Auswendiglernen von Grundsätzen. Im Mittelpunkt steht vor allem die Person, welche durch das Erlebte lernt, zu handeln. Dies kann als ganzheitlicher Prozess angesehen werden.

Jean- Jacques Rousseau

In seinem Werk „Emile oder über die Erziehung" kritisiert Rousseau die damaligen Erziehungsmethoden und gibt in seinem 1762 erschienenen Buch gut gemeinte Ratschläge an Mütter und Väter im Umgang mit Kindern. Am Anfang seines Buches erklärt der Autor, man solle die Säuglinge nicht ihrer Freiheit berauben, in dem man sie in Leinentücher einzwängt oder im Bettchen liegen lässt als wären sie tot. Man solle ihnen lieber alle Freiheiten geben die sie brauchen.

Er nennt auch Folgen dieses Tuns: „Die Untätigkeit und die Beengtheit der Glieder hindern den Blut-und Saftumlauf, verhindern Wachstum und Kräftigung und schädigen so seine Gesundheit" (Rousseau, 1998, S.16). Im Weiteren geht er auf die barbarische Erziehung der damaligen Zeit ein, und veranschaulicht, dass aus so einer gelebten Kindheit kein glückliches Individuum entstehen kann. „So vergeht das Alter der Fröhlichkeit unter Tränen, Strafen, Drohungen und Sklaverei [...]. Wer weiß, wie viele Kinder als Opfer der Weisheit eines Vaters oder eines Erziehers zugrunde gehen?" (ebenda , S. 55). In seinen Gedanken war er seiner Zeit weit voraus, bedenkt man, dass erst 1840 durch die verwahrloste Jugend – die das öffentliche Leben in Gefahr brachte – die „soziale Frage" aufkam (Hobmair, 2012, S. 287). Die wichtigsten Faktoren, die einen Menschen beeinflussen, sind die Natur, die Menschen und die Dinge, die den Menschen umgeben.

Jugendbewegung

Innerhalb Deutschlands waren es die Jugendbewegungen, die 1890 damit begannen, dass sich Jugendliche (Gymnasiasten) aus Magdeburg und Berlin, auf Wanderung begaben. Sie waren auf der Suche nach mehr Freiräumen und Wissensvermittlung durch Eigenverantwortung. „Im Gegensatz gegen die Aufklärung und bloße Wissenskultur mit ihrem Individualismus, ihrer Veräußerung jedes menschlichen Gehalts zu Nutzen und Leistung, ihrer Trennung aller Einheit des Lebens sucht diese Bewegung die neue Einheit eines höheren geistigen Lebens, die schließlich in einem neuen Verhältnis zum metaphysischen Grunde unseres Daseins wurzelt und an dieser letzten Einheit alle jene Trennungen aufheben und die toten Formen der Kultur wieder belebt und von innen umgestaltet" (Nohl, 2002, S. 15–16). Im Jahr 1913 kritisierte die Freideutsche Jugendbewegung wiederum den verschulten Unterricht und bezeichnet ihn als Überbetonung des Geschichtlichen im Glauben, wo es um die Vermittlung von Naturwissenschaften geht. Als Ziel dieser neuen Bewegung wurde das Fest am Hohen Meisner gehalten. „Die Freideutsche Jugend will aus eigener Bestimmung, vor eigener Verantwortung, mit innerer Wahrhaftigkeit ihr Leben gestalten. Für diese innere Freiheit tritt die Jugendbewegung unter allen Umständen geschlossen ein. Zur gegenseitigen Verständigung werden Freideutsche Jugendtage abgehalten. Als Grundsatz für gemeinschaftliche Veranstaltung gilt: Alle gemeinsamen Veranstaltungen der Freideutschen Jugend sind Alkohol- und Nikotin-frei" (Scheibe, 2010, S. 40).

Als wichtigste Aussage der Jugendbewegung gilt ihr unerschütterlicher Glaube an die Natur und an die Gemeinschaft, die eigenverantwortliches Handeln erlernen möchte und die Freiheit dazu erhalten will.

Kurt Hahn

Kurt Hahn, der zusammen mit Prinz Max von Baden die Schule Schloss Salem 1920 gegründet hat, gilt wohl als die prägendste Person in der Geschichte der Erlebnispädagogik. Die Grundsätze seiner Schule finden sich auch in der Hohen Meisner Formel wieder: Kein Alkohol, kein Nikotin. In seiner Schule gab es Platz für Training zur Steigerung der Überwindungskraft und Ausdauer, wodurch die Schüler lernen sollten, ihre Stärken und Schwächen zu erkennen. Vielseitig war der Unterricht: So gab es verschiedene Expeditionen durch die Berge, was die Entschluss- und Überwindungskraft eines jeden Jugendlichen steigerte. Klar ersichtlich baute er zuerst einen Bezug zu den Kindern und Jugendlichen auf. Dadurch konnten und wollten sie auch etwas von ihm lernen. Wahrscheinlich war dies das Entscheidende. Er gab ihnen die Chance das eigenverantwortliche Handeln zu erleben und daraus zu lernen. Außerdem gab er den Kindern Gelegenheit sich selbst zu entdecken […] „lasst sie Triumph und Niederlage erleben" (Hahn, 1986, S. 12).

Ein Schüler schrieb aus den Tagen seiner Schulzeit über Kurt Hahn: „Wenn er gesprochen hatte, so saßen wir Schüler da, stumm, ein wenig zu sehr überwältigt. Er spürte es und schien die Wirkung seiner Beredsamkeit eher mäßigen als steigern zu wollen; wie er überhaupt sich distanzierte, sobald er fühlte, sein Einfluss auf die ihm anvertraute Jugend könnte zu stark, zu direkt werden“ (Fischer, 1992, S. 19). Er kritisierte auch den Verfall der Jugend durch die modernisierte Gesellschaft mit Ihren Fortbewegungs- und Kommunikationsmitteln. Ihm war es wichtiger Ihren Horizont zu erweitern, Erlebnisse zu ermöglichen und die Forscherfreude zu unterstützen.

Jörg Ziegenspeck

Jörg Ziegenspeck hat die neuere Form der Erlebnispädagogik entscheidend geprägt. Er möchte das Verhalten der Jugend nachhaltig verändern, so dass die Personen lernen auch in Notfällen verantwortlich zu handeln. Auch sollte ein ganzheitliches Lernen erreicht werden, bei dem das Erleben, verbunden mit Handeln, im Mittelpunkt steht. „Erleben, Erfahrung, Erkenntnis sind wichtige Begriffe, in der Erlebnispädagogik“ (Pausewang,1994, S. 4). In seinem Buch „Erinnerungen – Gedanken – Aufforderungen“ gibt er klare Vorschläge als neue Zielsetzungen für die Schulen. Der erste Punkt besagt, dass die Schulen mehr freie Gestaltungsmöglichkeiten haben sollten und mit anderen, privaten und Reformschulen, kooperieren sollten. Zum zweiten Punkt sollte der politische Unterricht durch konkrete Erfahrungen verinnerlicht werden. Weiter schlägt Ziegenspeck vor, dass Schüler ab der 12. Klasse Sozialdienste am Menschen verrichten sollten und dies auch Lob verdient. Jede Schulform sollte der breiten Öffentlichkeit zur Verfügung stehen. Als letzten Punkt wünscht Jörg Ziegenspeck, dass sich alle Schulen europaweit mit einander austauschen und Kurt Hans Grundsätze anerkennen.

Zielsetzung in der Erlebnispädagogik

Die Ziele der Erlebnispädagogik liegen als erstes in der Vermittlung von Ereignissen, die dem Klientel im Gedächtnis bleiben und so eine nachhaltige Wirkung erzielen. Sie möchte den Kindern und Jugendlichen die Chance geben, frei ihre Umwelt zu entdecken, sie zu behandeln und sich damit zu befassen, um sie dadurch zu begreifen. Wenn wir uns die Umgebung von Kindern anschauen, sehen wir zu viele Verbote wie „auf diesem Rasen darfst du nicht Fußball spielen“ oder der Ausspruch „pass auf, dass du da nicht herunter fällst!!!“ Genau durch diese gut gemeinten Verbote nehmen wir ihnen die Möglichkeiten, sich selbst zu testen oder ihre Stärken und Schwächen zu begreifen. Die heutige Flut von Medien (Fernsehen, Internet, Computerspiele usw.) fesselt die Kinder regelrecht und ersetzt ihre eigenen Erlebnisse. Wo sie doch eigentlich lernen sollen, sich mit ihrer Umwelt auseinander zu setzen: Denn nur, wenn sich eine Person mit einer andern auseinandersetzt, ist sie in der Lage, die Wirkung ihres Handelns richtig einzuschätzen und daraus zu lernen.

Die Erlebnispädagogik möchte das Engagement der Jugendlichen aktivieren und ihre Eigen- und Mitverantwortung stärken. Außerdem sollen die Teilnehmer körperlich und sozial gefordert werden, sodass sich auch Rücksichtnahme und Achtsamkeit entwickeln.

Arbeitstechniken der Erlebnispädagogik

Als Technik dient der Erlebnispädagogik alles, womit eine einprägsame Situation geschaffen werden kann. In der Öffentlichkeit bekannt wurde vor allem die pädagogische Nutzung von Natursportarten. Die Bandbreite erstreckt sich von Berg- oder Skitouren über Alpinklettern bis hin zum Segeln (vgl. Kölsch, 1998). Durch die Nutzung dieser Natursportarten kann auf zahlreiche Möglichkeiten und Kombinationen zurück gegriffen werden.

Die pädagogische Zielsetzung von Abenteuersportarten liegt in der Ausübung in der freien Natur, wodurch oft außergewöhnliche Situationen für Menschen der heutigen Gesellschaft gegeben sind. Hier bestehen reale Risiken, bei denen die Teilnehmer automatisch eine Herausforderung erleben. Der soziale Aspekt bei der Ausübung von Abenteuersportarten ist: Um die Herausforderung bewältigen zu können, ist der Einzelne auf die Gruppe angewiesen.

In der Öffentlichkeit weniger beachtete Techniken der erlebnispädagogischen Projekte sind Kooperations- und Interaktionsübungen, Kommunikationstechniken, Rollenspiele, kreative Methoden, Selbsterfahrung, Theater etc.

Entscheidend für das Gelingen einer erlebnispädagogischen Aktion ist die Reflexion und der Transfer in den Alltag der Teilnehmenden.

Erlebnispädagogik im 21. Jahrhundert

In unserer gegenwärtigen Gesellschaft wird der Begriff des Erlebens für viele Bereiche des Alltages verwandt. Es gibt ErlebnisGastronomie, ErlebnisShopping, ErlebnisReisen und sogar ErlebnisWohnen. Bei vielen dieser Angebote wird damit geworben, dass ein Erlebnis- und Lerneffekt den Menschen erfüllt. Durch diese medienwirksamen Wortschöpfungen und Schlagwörter verliert der Begriff des „Erlebens" an Kraft und wirkt verwaschen und unklar.

Einige Kolleginnen und ich verwenden daher den Begriff des handlungsorientierten Lernens. Denkt man diesen Begriff weiter und abstrakter, so kommt man zu der Kombination einer handlungsorientierten systemischen Pädagogik.

Handlungsorientiert bedeutet: Im Handeln erlebe ich mich in meiner gesamten Person und meiner Umwelt. Kurz gesagt: „Lernen durch Erleben".

Handeln führt fast zwangsläufig zu Erlebnissen. Sind diese Erlebnisse einprägsam und nachhaltig, werden sie zu Erfahrungen. Erfahrungen bilden sich aus dem Hintergrund der eigenen Persönlichkeitsstruktur, Umwelteinflüssen und Kompetenzen heraus. Dies stellt den systemischen Ansatz der beschriebenen Pädagogik dar.

Systemisch heißt dabei, dass die Pädagogik sich gegebenen Persönlichkeits-, Gruppen- und institutionellen Strukturen anpasst. Nicht die Schülerinnen passen sich der Pädagogik an, sondern die Pädagogik geht auf die spezifischen Anforderungen ein, welche die Schülerinnen benötigen, um einen maximalen Lernerfolg zu gewährleisten.

Was will dieses Buch?

In meiner zwanzigjährigen Tätigkeit in Schulen, auf Klassenfahrten, Projekttagen und Projektwochen verwandte ich stets Mittel und Methoden des handlungsorientierten Lernens (Erlebnispädagogik), wie ich sie oben beschrieben habe.

Gruppendynamische Prozesse, Persönlichkeitsstrukturen, Stärken und Schwächen Einzelner sowie der Gruppe zeigte ich durch die Erlebnispädagogik auf und bearbeitete sie. Der Wunsch nach Nachhaltigkeit der Prozesse innerhalb der Klasse und des Schuljahres war groß.

In den Lehrerfortbildungen konfrontierten mich die Teilnehmerinnen mit einem ernstzunehmenden Problem: Das Regelsystem der Schule – 30 Schülerinnen in einem Klassenraum und Unterricht im 45- oder 90 Minuten-Takt. Die Absicht der Fortbildungsteilnehmerinnen, Aufgabenstellungen in den Unterricht zu integrieren, stieß an institutionelle Grenzen und Beschränkungen durch schulische Anforderungen.

Trotz der institutionellen Hindernisse stellte sich die Frage: Ist es möglich, dass handlungsorientiertes Lernen in den Schulalltag integriert werden kann? Kann – darüber hinaus – mit handlungsorientiertem Lernen Wissen vermittelt werden? Diesen Fragen stellten sich verschiedene Lehrerfortbildungen in Niedersachsen, Schleswig-Holstein und Brandenburg, die als Workshops von mir durchgeführt worden sind. Die Antwort lautet: Ja! Die Ergebnisse finden sich in diesem Buch wieder.

In einer Projektwoche oder auf einer Klassenfahrt wird ausreichend Zeit und Raum geboten, um Aufgaben und Prozessen ihren Lauf zu lassen. Dies ist leider im Schuljahr nur punktuell möglich. Verfügungsstunden im Schulalltag sind zu kurz und müssen vielschichtige Probleme abdecken.

Die menschliche Persönlichkeitsstruktur ist reich an Anlagen und reich an individuellen Entwicklungsmöglichkeiten. Fleiß, Motivation, Wille, Beharrlichkeit, Risikobereitschaft, Neugier, Phantasie und geistige Unruhe sind entscheidende Schlüsselkompetenzen.

Kinder und Jugendliche gehen täglich freiwillig in die Auseinandersetzung mit diesen Schlüsselqualifikationen. Auch viele Internetspiele (etwa World of Warcraft) verlangen diese Eigenschaften als Voraussetzung, um im Team gemeinsam Aufgaben bewältigen zu können. Grundkompetenzen aller Mitglieder eines Clans, Gruppe, Teams sind Beharrlichkeit, Pünktlichkeit, Solidarität, Motivation, Gemeinsamkeit und der Wille zur Erreichung eines gemeinsamen Zieles unter Einsatz der unterschiedlichen zusätzlichen Fähigkeiten und Kompetenzen der Einzelnen.

Auf den Schulalltag bezogen argumentierte Herr Klippert zu recht: „Kontroverse Einfälle und Meinungen der Gruppenmitglieder regen zur intensiven Auseinandersetzung mit dem Lerngegenstand an. Die Möglichkeit, sich bei Lernschwierigkeiten zu unterstützen, fördert die Einsicht in Lösungsprozesse. […] Vorteilhaft wäre diese Teamorientierung nicht nur für die Schwächeren und/oder Ängstlicheren unter den SchülerInnen, sondern für die cleveren Schnelldenker und -lerner. Diese profitieren von der Gruppenarbeit insofern, als dass sie in ihrer Expertenrolle das vorhandene Wissen wirksam festigen und zugleich wichtige methodische, kommunikative und affektive Fähigkeiten erwerben können“ (Klippert, 2008).

Der Wettstreit/Wettbewerb untereinander ist ein Motivationsfaktor bei Lernprozessen, dem sich die Schule nicht verschließen kann. Die heranwachsende Persönlichkeit vergleicht sich ständig mit ihrer Umgebung. Daraus werden bereits im Kleinkindalter Lernprozesse initiiert die ein Leben lang andauern. Die menschliche Entwicklung vollzieht sich im Entdecken von immer anderen Zusammenhängen und durch das Einbinden in wiederum andere. Dies fördert die Entwicklung von Flexibilität als Voraussetzung einer Geisteshaltung.

Ich lade Sie ein, mit mir gemeinsam die Idee dieses Buches weiter zu gestalten, verborgene Kreativität und Enthusiasmus freizusetzen und das gewonnene Potenzial anderen Menschen zur Verfügung zu stellen.

Entsprechend dem Buch „Fish. Ein ungewöhnliches Motivationsbuch“ (Lundin, Paul und Christensen, 2003) sollten Sie vier Grundvoraussetzungen mitbringen:

1. Wähle Deine Einstellung – Jeder erwachsene Mensch entscheidet sich bewusst täglich für eine Arbeitseinstellung. Diese Arbeitseinstellung umfasst unser Selbstvertrauen, unsere Schaffenskraft und unsere Authentizität.
2. Spiele – Spielerisch macht die Arbeit Spaß und Spaß bringt Energie.
3. Bereite anderen Freude – Beziehe andere Menschen mit ein, indem Du für positive Energie und gute Stimmung sorgst.
4. Sei präsent – mit dem ganzen Herzen und der vollen Aufmerksamkeit.

Nun bin ich kein Entertainer, Komiker oder Clown, was meine Kolleginnen und meine Familie gerne bestätigen. Dennoch gelingt es mir, Freude und Spaß in die Übungen zu integrieren, welche sich durch die Teilnehmerinnen selbst entwickeln.

Für mich ergibt sich ein qualitativer Unterschied, ob ich durch Scherze und Sprüche anderer lache oder aus mir selbst heraus lache. Beides ist befreiendes Lachen und setzt positive Energie frei, doch das eine wirkt kurzzeitig und das andere langfristig, als eigenes Erleben, welches zur Erfahrung wurde und in meinem Bewusstsein abgespeichert wird.

Eine Lehrerin erzählte, dass sie einmal zum Auftritt von Otto „dem ostfriesischen Komiker“ war und danach begeistert viele Witze von ihm zitieren konnte. Auch dank der anschließend gekauften und wiederholt gehörten CDs. An alle Einzelheiten des Auftrittes konnte sie sich nicht mehr erinnern.

Dafür wusste sie noch jede einzelne Begebenheit einer Floßbau-Aktion, die schon zehn Jahre zurücklag. Sie sollte als Studentin mit anderen gemeinsam ein Floß aus unterschiedlichem Material bauen. Dazu gehörten z.B. Luftballons statt Fässern, Reifen oder Kanistern. Die Gruppe rätselte, philosophierte, probierte und schuf dann ihr eigenes Kunstwerk, das fünf Kilometer auf dem Wasser mit allen an Bord fahren musste. Es war ein stolzer Glücksmoment, als dieses Gefährt tatsächlich alle trug und jeder war froh gelaunt, als die Fahrt begann.

Es wurde gesungen, gescherzt und gelacht. Alles ging gut, bis sich das Floß nach drei Kilometern an einem Ast verfing, instabil wurde und in der Mitte zusammen knickte. Alle gingen über Bord und machten Bekanntschaft mit dem kalten Nass des Flusses. Zehn tropfnasse Studentinnen und ich standen am Ufer, wir lagen uns lachend in den Armen und fuhren anschließend mit der Straßenbahn drei Kilometer zurück. Die Lehrerin wird die fragenden, erstaunten und verstörten Gesichter der anderen Passanten beim Anblick des Häufchens lustiger, durchnässter und glücklicher Erwachsener sicher nie vergessen.

Dieses Buch versteht sich als Arbeitsgrundlage, Diskussionspapier und Denkanstoß für die eigene Arbeit mit Schülerinnen. Es baut auf die Mitarbeit der Leserinnen und Leser.

Ich bin Experte auf dem Gebiet des handlungsorientierten Lernens, der handlungsorientierten systemischen Pädagogik und des Erschaffens von stetig neuen und veränderten Aufgaben, welche die persönlichen Fähigkeiten und Fertigkeiten der Teilnehmerinnen fordern und fördern.

Die Lehrerinnen sind Expertinnen in ihrem Fachgebiet, kennen die Anforderungen des Lehrplanes, die Strukturen der Schule, die Zusammenhänge ihres Fachgebietes sowie die Stärken und Schwächen der Schülerinnen.

Die Synergie beider Kompetenzbereiche bringt den optimalen Erfolg für eine Integration von handlungsorientiertem Lernen in den Schulalltag. Die bisherigen Lehrerfortbildungen zu diesem Thema erlebte ich stets in einer Doppelrolle: Als Dozent und als Lernender. Dieses Buch ist ein Ergebnis der bisherigen Fortbildungen und ich bedanke mich bei allen Lehrerinnen, die daran teilgenommen haben, denn sie sind die eigentlichen Co-Referentinnen des vorliegenden Buches.

Jede der nachfolgenden Aufgabenstellungen ist nicht starr zu betrachten, sondern kann und sollte auf die zutreffende Situation in der Schule und die Möglichkeiten der Schülerinnen zugeschnitten werden. Seien Sie kreativ und lassen Sie Ihren Ideen freien Lauf. Betrachten Sie die Aufgabenstellungen als Grundrezepte. Zutaten, welche die Speise speziell machen wie Gewürze, müssen von Ihnen eingebracht werden.

Ich kann keine Empfehlungen geben, welche Aufgabenstellung im Bereich der Wissensvermittlung in welchem Fach besonders gut angewendet werden kann.

Dies ist Ihr Anteil. Je unvoreingenommener Sie sich die vorgeschlagenen Aufgabenstellungen ansehen, desto vielfältigere Anwendungsgebiete werden Sie entdecken. Seien Sie offen für spontane Einfälle und probieren Sie diese aus! Ihre Schülerinnen werden es Ihnen danken, auch wenn eine Aufgabenanleitung mal schief geht. Jeder gelungene neue Weg der Wissensaneignung/-vermittlung kommt Ihnen mehrfach wieder zugute. Dies spiegeln die gemachten Erfahrungen der Teilnehmerinnen der Lehrerfortbildungen wider.

Bei den Aufgaben geht es um bis zu drei Stufen der Lernerfahrung. Ein Beispiel ist die Aufgabenstellung „Memory“ (siehe Inhaltsverzeichnis).

1. Stufe der Lernerfahrung	Erstellen der Beziehungspaare (des Aufgabenmaterials) durch die Schülerinnen
2. Stufe der Lernerfahrung	Finden der Beziehungspaare und visuelles Merken der Lage der aufgedeckten Blätter
3. Stufe der Lernerfahrung	Selbständiges Finden von Gedankenhilfen (Eselsbrücken), je komischer, um so einprägsamer

Denkbar ist, dass Aufgaben parallel in Kleingruppen gespielt werden, um die Intensität der Lern- und Erlebniserfahrungen zu erhöhen. Damit wird die Konzentration gesteigert und die Selbstkontrolle der Gruppe initiiert. Der Lehrerin bleibt die angenehme Rolle der Beobachterin und Ratgeberin.

Wenn Sie handlungsorientierte Übungen als ständiges Konzept in Ihre Unterrichtsgestaltung integrieren, erreichen Sie:

bei den Schülerinnen
- eine Motivationssteigerung
- die Erhöhung der Lernbereitschaft
- ein verbessertes soziales Klima innerhalb der Klasse
- eine kreative Lernatmosphäre
- und damit eine Leistungssteigerung

für sich selbst als Pädagogin
- entspannte und vielschichtige Unterrichtsgestaltung
- verbesserte Möglichkeiten der Beobachtung der Schülerinnen bei Lernprozessen
- Entwicklung von Selbstregulierungsmechanismen innerhalb der Klasse
- gemeinsame Freude am Lernen

Gelingt es Ihnen, die vier beschriebenen Grundvoraussetzungen umzusetzen, erschließen sich Ihnen täglich neue Möglichkeiten und Erfahrungen. Stellen Sie sich vor, dass Ihre Schülerinnen sich auf die Stunden mit Ihnen freuen. Wenn die Schülerinnen wissen, dass in der morgigen Stunde wieder eine handlungsorientierte Aufgabe gestellt wird, bereiten sie gerne den Klassenraum dafür vor – z.B. Tische zur Seite stellen und einen Stuhlkreis bilden. Probieren Sie es aus!

Ich habe bei der Auswahl der Aufgaben darauf geachtet, dass nur ein geringer Materialeinsatz notwendig ist. Alle Materialien (bis auf Verbrauchsmaterialien) können wieder verwendet werden und stehen somit der gesamten Schule zur Verfügung. Im Anschluss liste ich den gesamten Materialeinsatz und den damit verbundenen Kostenaufwand für die Übungen in diesem Buch auf.

Zu Beginn des Einsatzes von handlungsorientierten Übungen steigt der zeitliche Aufwand zur Erstellung bestimmter Arbeitsmaterialien (was normal für jede neue Unterrichtsvorbereitung ist), doch je vertrauter Sie damit werden, desto leichter gestaltet sich die Erarbeitung der Materialien.

Mir zaubert es stets ein Schmunzeln auf die Lippen, wenn ich mir die Reaktionen meiner Teilnehmerinnen vorstelle. Es gibt nichts Schöneres als gemeinsame Anstrengung verbunden mit gemeinsamer Freude über das Erreichte!

Lernen kann Spaß machen!

Die nachfolgenden Übungen teilen sich in vier Kategorien:

1. Eisbrecher Übungen
Diese dienen der Auflockerung der Lernatmosphäre, bringen Energie für konzentriertes Arbeiten zurück und stärken die Freude und das Gemeinschaftsgefühl.

2. Konzentrationsübungen
Bei diesen Aufgaben wird gezielt die Konzentrationsfähigkeit der Schülerinnen abgerufen und geschult. Dabei wird die Konzentration der einzelnen Schülerin durch die Gruppe erhöht und gestärkt.

3. Übungen zur Wissensvermittlung
Diese Übungen sind die Antwort auf die Fragestellung, ob mit dieser Methode auch schulisches Wissen vermittelt werden kann. Der größte Anteil der Übungen entstand in den Lehrerfortbildungen (Workshops) zu diesen Themen.

4. Übungen zur Sozialkompetenzstärkung
Mit diesen Übungen ist es Ihnen möglich, innerhalb des Regelwerks Schule, Sozialkompetenzen der Einzelnen und der Klasse zu formen und zu stärken.

An dieser Stelle ermutige ich alle Leserinnen, die Übungen selbst zu erfahren, besonders die Aufgabenstellung im Abschnitt Sozialkompetenzstärkung. Besuchen Sie gerne Seminare zu handlungsorientierter systemischer Pädagogik – siehe www.teamwaerts.de – oder fragen Sie nach Lehrerfortbildungen speziell für Ihre Einrichtung. So können Sie die Übungen selbst erleben und erhalten Hinweise und Tipps zur eigenen Anleitung und Auswertung, sowie zum sinnvollen Einsatz verschiedener Aufgabenstellungen. Die Übungen werden auch aus dem sicherheitsrelevanten Blickwinkel betrachtet. Sicherheit muss beim Einsatz dieser Aufgabenstellungen oberste Priorität haben. Eine Übung, sei sie noch so einfach, kann nur gelingen und zum Lernerfolg beitragen, wenn sie in einer sicheren, entspannten und respektvollen Arbeitsatmosphäre durchgeführt wird.

Eine zweite, sehr effektive Möglichkeit kennen viele Freunde und Bekannte von mir. Ich gestalte stets Übungen und Aufgaben neu. Diese werden bei Familienfeiern, Geburtstagsfeiern und Freundestreffen ausprobiert. Dabei sind die Freunde und Bekannten die ersten Probanden/Versuchskaninchen und geben mir wertvolle Hinweise zur Gestaltung und zum Einsatz der Übungen. Mich freut, dass die Freunde und Bekannten immer noch gerne zu diesen Treffen und Feiern kommen oder mich dazu einladen!

Ich selbst bin dann oft bewusst Teilnehmer der Übung. Das eigene Erleben der Emotionen, Gefühle und Entscheidungsprozesse bildet eine solide Grundlage, um auf die Gefühle und Beweggründe von Schülerinnen und anderen Teilnehmerinnen sensibel eingehen zu können. Eigene Erfahrungen als Teilnehmerin einer Übung bieten eine besondere Grundlage, um Schülerinnen zu ermutigen, ihre Grenzen zu erweitern sowie Ängste und Hemmnisse zu überwinden.

Entscheiden Sie mit Feingefühl und Gespür, wann ein Einsatz sinnvoll ist und wann nicht. Haben Sie den Mut, Aufgaben abzubrechen, zu verändern oder neue, vielleicht einfachere, Aufgaben zu stellen, die der Situation der Klasse angemessen erscheinen.

Durch einen kontinuierlichen Einsatz der Methode handlungsorientierter systemischer Pädagogik werden Sie über eine solide Vielfalt an Übungen, über Erfahrungen beim Einsatz dieser Übungen, über Wirkungsweisen bei den Schülerinnen und über ein feines Gespür für Situationen verfügen, welches Sie in die Lage versetzt, situationsbedingt zu reagieren.

Sollten Sie aktuell auf einem Gebiet einen Rat oder Hinweis brauchen oder für mich eine Anregung haben, rufen Sie mich an und senden mir vorab eine E-Mail, damit ich mich auf das Telefonat vorbereiten kann.

Ich freue mich auf Ihre Fragen und Anregungen!

Meine Kontaktdaten:

Klaus Minkner
Mobil: 0175 80 78 929
E-Mail: k.minkner@teamwaerts.de
Website: www.teamwaerts.de

Literatur

Baig-Schneider, Rainald (2012). Die moderne Erlebnispädagogik. ISBN 978-3-940562-58-6. Augsburg: ZIEL-Verlag

Fischer, Torsten (1992). Schule als sozialer Körper – Schule ein sozialer Erfahrungsraum. ISBN 3-929058-80-4. Augsburg: ZIEL-Verlag

Gilsdorf, Rüdiger; Kistner, Günter (1995). Kooperative Abenteuerspiele 1. ISBN 978-3-780058-01-0. Seelze: Kallmeyer

Gilsdorf, Rüdiger; Kistner, Günter (2000). Kooperative Abenteuerspiele 2. ISBN 978-3-780058-22-5. Seelze: Kallmeyer

Heckmair, Bernd; Michl, Werner (2012). Erleben und Lernen. Einführung in die Erlebnispädagogik. ISBN 978-3-497022-93-9. München: Ernst Reinhardt

Hobmair, Hermann (2012). Pädagogik. ISBN 978-3-823750-00-0. Bildungsverlag EINS: Köln

Klippert, Heinz (2008). 4 Bücher Pädagogik Praxis für die Sekundarstufe: Methoden-Training, Eigenverantwortliches Arbeiten und Lernen, Kommunikations-Training, Teamentwicklung im Klassenraum. ISBN 978-3-407626-09-7. Weinheim: Beltz

Kölsch, H., Wagner, F. (2004). Erlebnispädagogik in der Natur. Ein Praxisbuch für Einsteiger. ISBN 978-3-497016-88-4. München: Ernst Reinhardt.

Kreszmeier, Astrid Habiba (1994). Das Schiff Noah – Dokumente einer therapeutischen Reise. ISBN 978-3-852520-20-9. Weitra: Bibliothek der Provinz

Lundin, Stephen; Paul, Harry; Christensen, John (2003). Fish. Ein ungewöhnliches Motivationsbuch. ISBN 978-3-442163-75-5. München: Goldmann

Michl, Werner (2009). Erlebnispädagogik. ISBN 978-3-497020-70-6. München: Ernst-Reinhardt

Nohl, Herman (2002). Die pädagogische Bewegung in Deutschland und ihre Theorie. ISBN 978-3-465031-81-9. Frankfurt: Vittorio Klostermann

Pausewang, Freya (1994). Ziele suchen – Wege finden
ISBN 978-3-464491-50-8. Berlin: Cornelsen

Reiners, Annette (2013). Praktische Erlebnispädagogik 1.
ISBN 978-3-940562-86-9. Augsburg: ZIEL-Verlag

Reiners, Annette (2009). Praktische Erlebnispädagogik 2.
ISBN 978-3-937210-90-2. Augsburg: ZIEL-Verlag

Röhrs, Hermann (1996). Reformpädagogik und innere Bildungsreform.
ISBN 978-3-892718-25-3. Weinheim: Beltz

Rousseau, Jean-Jacques (1998). Emile oder Über die Erziehung.
ISBN 978-3-825201-15-9 Stuttgart/Paderborn: UTB/Schöningh

Rutkowski, Mart (2010). Der Blick in den See – Reflexion in Theorie und Praxis.
ISBN 978-3-940562-48-7. Augsburg: ZIEL-Verlag

Scheibe, Wolfgang (2010). Die reformpädagogische Bewegung:
Eine einführende Darstellung. ISBN 978-3-407220-27-1. Weinheim: Beltz

Senninger, Tom (2004). Abenteuer leiten.
ISBN 978-3-931902-53-7. Münster: Ökotopia Verlag

Thomas, Konstanze; Kreszmeier, Astrid Habiba (2007). Systemische Erlebnispädagogik.
ISBN 978-3-937210-96-4. Augsburg: ZIEL-Verlag

Materialkoffer

(Materialaufwand)

- 4 – 5 Spiele „SET“ von Ravensburger, (je 10,50 €)
- 2 Spiele „Make’n Brake“ von Ravensburger, (je 27,00 €)
- 2 Spiele „Ubongo“ von Kosmos, (je 15,95 €)
- 1 Spiel „Mensch ärgere Dich nicht“ für 6 Personen
- Computerspiel „Tetris“
- 15 Augenbinden (Schlafbrillen), je 2,99 €
- 3 Alu-Stangen (1 m lang)
- 3 Gliedermaßstäbe (auch Zollstöcke genannt)
- eine Plane (2 x 1,5 m)
- eine Rolle Gummiband
- ein Spielseil (15 m)
- ein Spielseil (50 m)
- 84 Leisten (L = 20 cm, B = 2 cm, H = 0,5 cm)
- 30 Teppichfliesen
- Straßen-Malkreide, Klebeband, Schnur, Wolle, Klebepunkte, Karteikarten und DIN-A4-Blätter als Verbrauchsmaterial

Der finanzielle Aufwand für das aufgelistete Material beträgt somit maximal 200 € bis 300 €.

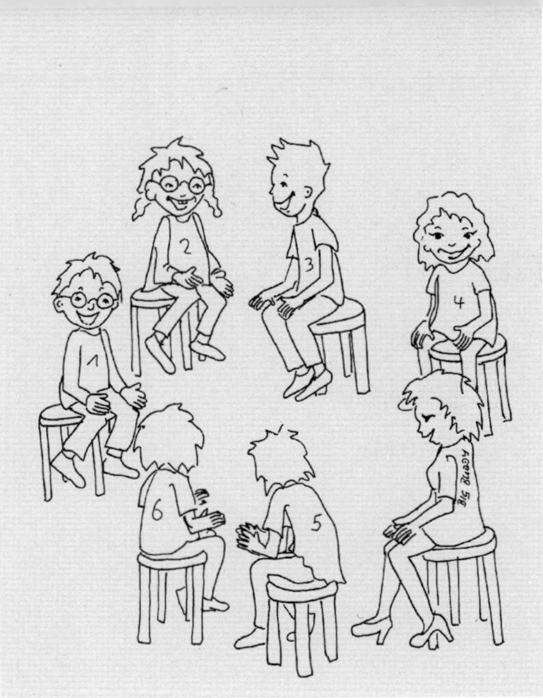

Eisbrecherübungen

Soziogramm

Ort:	Klassenraum
Dauer:	5–10 Min.
Material:	keines
Teilnehmeranzahl:	bis ca. 30
Teilnehmeralter:	Sekundarstufe 1 und 2

Beschreibung:
Ein Soziogramm gibt Einblicke in die Lebens- und Gemütswelt der Schülerinnen. Dabei kann man nach dem Skala-Prinzip oder geografisch aufstellen lassen sowie nach Auswahlkriterien, für die verschiedene Bereiche des Klassenraumes eine bestimmte Bedeutung erhalten.

Beispiele:
Wie lange habe ich gestern am Computer gesessen? (Skala von 1 bis 10 Stunden)
Wo bin ich geboren? (Geografische Abfrage)
Wo verbrachte ich in den Ferien die meiste Zeit? (Geografische Abfrage)
Was ist mir besonders wichtig in der Klasse? (Auswahlkriterien)

Countdown

(Herunterzählen)

Ort:	Klassenraum
Dauer:	5 Min.
Material:	keines
Teilnehmeranzahl:	bis ca. 30
Teilnehmeralter:	Sekundarstufe 1 und 2

Beschreibung:
Alle Schülerinnen sitzen mit geschlossenen Augen auf ihren Plätzen. Die Lehrerin erklärt die Aufgabe – Hoch- oder Herunterzählen entsprechend der Anzahl der Schülerinnen ohne dass eine Zahl doppelt genannt werden darf – und gibt das Startzeichen. Eine Schülerin sagt „1", die nächste „2" usw.

Die Schwierigkeit dieser Aufgabe besteht darin, dass man nicht weiß, wer die nächste Zahl sagen wird. Sagen zwei oder gar drei Schülerinnen gleichzeitig die nächste Zahl, muss die Klasse wieder bei „1" beginnen.

Wie weit schaffen es die Schülerinnen in fünf Minuten zu zählen?

Wütender Tom

Ort:	Klassenraum
Dauer:	10 Min.
Material:	keines
Teilnehmeranzahl:	bis ca. 30
Teilnehmeralter:	Sekundarstufe 1 und 2

Beschreibung:
Die Schülerinnen stehen im Kreis, eine in der Mitte. Sie geht zu einer Schülerin und fragt sie: "Hast Du den wütenden Tom gesehen?". Diese Schülerin antwortet mit „Ja", worauf die Frage kommt: „Und, was hat er gemacht?"

Nun macht die angesprochene Schülerin eine Bewegung und ein Geräusch (Laut oder Wort), das die Wut des Tom ausdrückt. Alle anderen Schülerinnen wiederholen die Bewegung und das Geräusch gleichzeitig.

Die angesprochene Schülerin wechselt in die Kreismitte und befragt nun ihrerseits eine neue Schülerin.

Erfahrungen:
Diese Aufgabe löst Anspannungen und gibt Gelegenheit, gemeinsam „Dampf abzulassen"!

Glückspilz

Ort:	Klassenraum
Dauer:	5 Min.
Material:	keines
Teilnehmeranzahl:	bis ca. 30
Teilnehmeralter:	Sekundarstufe 1 und 2

Beschreibung:
Zu Beginn der Aufgabe sucht sich jede Schülerin eine Mitschülerin in Gedanken aus. Anschließend stellt die Lehrerin die Aufgabe, dass die ausgesuchte Schülerin zehn Mal umrundet werden soll – und zwar die ganze Klasse gleichzeitig.

Erfahrung:
Diese Aufgabe geht sogar in einem engen Klassenraum und bringt Gelöstheit in die Klasse. Achtung! Für fünf Minuten wird es etwas turbulenter in diesem Klassenraum.

Partnerklau

Ort:	Klassenraum
Dauer:	5–10 Min.
Material:	keines
Teilnehmeranzahl:	bis ca. 30
Teilnehmeralter:	Sekundarstufe 1 und 2

Beschreibung:
Die Schülerinnen stehen hinter ihren Plätzen und bilden Paare. Eine Person (bei einer geraden Schülerinnenanzahl die Lehrerin) sagt: „Mein rechter Platz ist leer, ich wünsche mir die (Name einer Schülerin) her."

Dies ist jedoch nur die halbe Wahrheit, denn in Wirklichkeit wünscht sich diese Person (Lehrerin) nicht Schülerin A her, sondern deren Partnerin Schülerin B.

Wenn also Schülerin A angesprochen wird, muss sie reagieren und ihre Partnerin Schülerin B festhalten. Schülerin B muss wissen, dass, wenn Schülerin A benannt wird, sie schnell ihren Platz verlassen muss, denn in Wirklichkeit ist sie gemeint.

Dies ist kein Fangspiel! Hat Schülerin B ihren Platz verlassen, ohne dass sie von Schülerin A dabei berührt wurde, gilt dieser Ausreißversuch als erfolgreich und sie kommt zu der Person, welche ihren rechten Platz leer hatte.

Schülerin A ist nun neue Ausruferin, denn ihr rechter oder linker Platz ist nun leer.

Erfahrungen:
Diese Übung bringt viel Spaß und Lachen in die Klasse und das Nicht- oder Falschreagieren ist selbstverständlich für den Beginn dieser Aufgabe.

Big Buddy

Ort:	Klassenraum
Dauer:	5–10 Min.
Material:	keines
Teilnehmeranzahl:	bis ca. 30
Teilnehmeralter:	Sekundarstufe 1 und 2

Beschreibung:
Die Schülerinnen sitzen oder stehen im Kreis. Die Lehrerin ist Big Buddy. Von ihr ausgehend einmal im Kreis herum bekommt jede Schülerin eine Zahl aufsteigend zugeordnet. Nun beginnt der Gesang. Zum Rhythmus des Klatschens mit den Händen auf die Oberschenkel wird folgender Text gesungen: (Jedes Klatschen eine Silbe) Big Buddy, Big Buddy, Big Buddy. OOOH Yeah.

Darauf geht es los, dass Big Buddy das Wort abgibt, indem er erst seinen Namen und dann die Nummer derjenigen sagt, an die abgegeben werden soll. Diese gibt dann weiter, in dem sie erst ihre Nummer und dann eine andere Nummer nennt usw. (Beispiel: Big Buddy- Nr. 3, Nr. 3–Nr .5, Nr. 5–Nr. 12, ...)

Jede darf auch an Big Buddy zurückgeben. Wer einen Fehler macht, rückt auf Position Nr. 1 (auch räumlich) und für alle anderen mit kleinerer Nummer ändern sich somit die Nummern.

Erfahrungen:
Diese Übung bringt viel Spaß und Lachen in die Klasse und das Nicht- oder Falschreagieren ist selbstverständlich für den Beginn dieser Aufgabe.

Küchengeräte / Dreier Tierfiguren

Ort:	Klassenraum
Dauer:	5–10 Min.
Material:	keines
Teilnehmeranzahl:	bis ca. 30
Teilnehmeralter:	Sekundarstufe 1 und 2

Beschreibung:
Aufstellung in Kreisform. Es werden verschiedene Küchengeräte oder Tierfiguren durch drei Schülerinnen dargestellt.

Eine Schülerin oder die Lehrerin steht in der Mitte des Kreises und zeigt mit der Hand auf eine Schülerin und nennt ein Tier oder Küchengerät (siehe Beispiele rechts!). Die angezeigte Schülerin bildet die Mitte der geforderten Figur, die Schülerinnen rechts und links von ihr den Rest. Macht eine dieser drei Schülerinnen einen Fehler oder zögert deutlich, wechselt sie in den Kreis und stellt die nächste Anfrage. Dies macht sie so oft, bis erneut ein Fehler passiert und sie ihren Platz tauschen kann.

Erfahrungen:
Besonders viel Spaß macht das gemeinsame Erarbeiten von Figuren.
Das Nicht- oder Falschreagieren ist der Motor dieser Aufgabe.

Küchengeräte

Mixer:
Die mittlere Schülerin hebt den rechten und linken Arm über die Köpfe der beiden Nachbarinnen. Die rechte und linke Nachbarin sind die Quirls und drehen sich.

Toaster:
Die rechte und linke Nachbarin drehen sich zur Person in der Mitte und halten sich in Hüfthöhe an den Händen. Sie rahmen somit die mittlere Person ein und bilden damit den Toaster. Die Mittlere stellt den Toast dar – wenn er fertig ist, springt er nach oben. Deswegen hüpft sie auf und ab.

Waschmaschine:
Die rechte und linke Nachbarin drehen sich zur Person in der Mitte und bilden vor ihr mit den Armen einen Kreis – die Waschtrommel. Die mittlere Schülerin beugt sich nach vorne in diesen Kreis und stellt die Wäsche dar, indem sie mit dem Oberkörper eine Kreisbewegung macht.

Tiere

Elefant:
Die mittlere Person nimmt eine Hand an die Nase und steckt den anderen Arm durch die Ellbogenbeuge des ersten Armes – das ist der Rüssel. Die rechte und linke Nachbarin drehen sich zur mittleren Person, halten jeweils eine Hand in Hüfthöhe und Kopfhöhe – sie bilden somit die Ohren des Dickhäuters.

Krebs:
Die mittlere Person reckt beide Hände über den Kopf nach oben als Fühler. Die rechte und linke Nachbarin schlagen jeweils ihre Hände nach vorne aufeinander als Scheren.

Fisch:
Die mittlere Person ist der Fischkopf und bewegt nur den Mund auf und zu (stumm). Die rechte und linke Nachbarin sind die Flossen und schwingen mit beiden Armen.

Wo ist Fridolin?

Ort:	Klassenraum
Dauer:	5–10 Min.
Material:	handlicher Gegenstand (Ball, Figur o.ä.)
Teilnehmeranzahl:	bis ca. 30
Teilnehmeralter:	Sekundarstufe 1 und 2

Beschreibung:
Die Lehrerin steht an der Tafel, auf ihrem Tisch liegt der Gegenstand. Die Schülerinnen stehen alle an der gegenüberliegenden Wand des Zimmers.

Die Lehrerin dreht sich weg von den Schülerinnen und fragt: „Wo ist Fridolin?"

Während dieser Zeit können sich alle Schülerinnen auf die Lehrerin zubewegen.

Nach diesem Satz dreht sich die Lehrerin schnell um, schaut, ob Fridolin (der Gegenstand) noch auf dem Tisch liegt und ob sich eine Schülerin bewegt.

Bewegt sich eine Schülerin noch, wird sie zurück an die Startlinie geschickt.

Ist Fridolin verschwunden, versucht die Lehrerin zu erraten, wer Fridolin hat. Liegt sie richtig, kommt Fridolin wieder an seinen Platz und die ertappte Schülerin geht zurück an die Startlinie.

Ziel der Klasse ist, dass Fridolin unbemerkt mit zurück an die Startlinie gelangt. Dabei ist es unabdingbar, dass die Schülerinnen zusammen arbeiten.

Erfahrung:
Diese Aufgabe geht sogar in einem engen Klassenraum, Tische und Stühle können stehen bleiben und die Übung bringt Gelöstheit in die Klasse.

Wandernde Dreiecke

Ort:	Klassenraum
Dauer:	5 Min.
Material:	keines
Teilnehmeranzahl:	bis ca. 30
Teilnehmeralter:	Sekundarstufe 1 und 2

Beschreibung:
Zu Beginn der Aufgabe sucht sich jede Schülerin in Gedanken zwei Mitschülerinnen aus.

Nun sollen alle gleichzeitig mit den ausgesuchten Mitschülerinnen ein gleichschenkliges Dreieck bilden. Dabei darf nicht verraten werden, wer die jeweiligen Personen sind.

Erfahrung:
Diese Aufgabe geht sogar in einem engen Klassenraum.
Dadurch, dass sich Schülerinnen bewegen, um ihre eigene Aufgabe zu erfüllen, verändert sich auch die Konstellation für die anderen Schülerinnen. Es kommt zu einer Kettenreaktion. Erst, wenn alle Schülerinnen stehen bleiben, kann eine Auswertung/Überprüfung erfolgen. Achtung! Für fünf Minuten wird es etwas turbulenter in diesem Klassenraum.

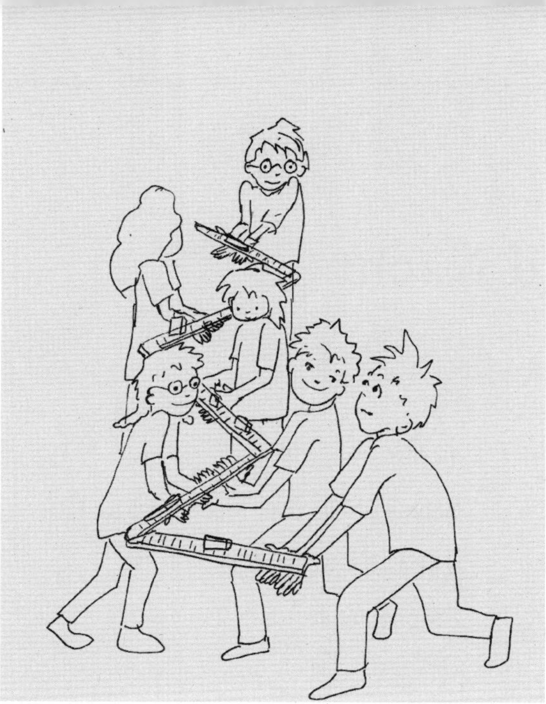

Konzentrationsübungen

Tag und Nacht

Ort:	Flur
Dauer:	10 Min.
Material:	Schnur, Wolle oder Klebeband zur Linienmarkierung
Teilnehmeranzahl:	bis ca. 30
Teilnehmeralter:	Sekundarstufe 1 und 2

Beschreibung:
Alle Schülerinnen stehen an einer Linie. Vor der Linie ist die Tagseite und hinter der Linie ist die Nachtseite.

Die Lehrerin gibt das Kommando „Tag" oder „Nacht" und die Schülerinnen wechseln die Seite oder bleiben stehen. Handeln sie falsch, scheiden sie aus diesem Spiel aus und werden ebenfalls zu Schiedsrichtern, welche die weiteren Schülerinnen beobachten.

Ein Zucken in den Knien oder ein Wackeln nach dem Kommando gilt als Ausscheidungskriterium.

Erfahrungen:
Der Wettbewerbscharakter fördert die Motivation. Es ist hilfreich, einige Proberunden zu starten, damit alle die Regeln verstehen.

Eine Treppenstufe macht Fehler noch anschaulicher, wenn also die Nachtseite oben ist und die Tagseite unten.

Eine schnellere Kommandogebung erhöht die Fehlerwahrscheinlichkeit, muss jedoch gewährleisten, dass die praktische Ausführung umsetzbar bleibt.

Schneller Ball

Ort:	Klassenraum
Dauer:	5–10 Min.
Material:	ein bis zwei leichte Softbälle
Teilnehmeranzahl:	bis ca. 30
Teilnehmeralter:	Sekundarstufe 1 und 2

Beschreibung:
Aufstellung im Kreis.

Aufgabe: der Ball soll von einer Schülerin zur anderen geworfen werden (am Anfang mit Nennung des Namens der angespielten Schülerin), jede Schülerin erhält den Ball nur ein Mal. Am Ende der Runde kommt der Ball zur Lehrerin zurück. Die Schülerinnen sollen sich die Reihenfolge merken. In einer zweiten und dritten Runde wird dies überprüft.

Die nächste Steigerung ist, dass der Ball so wenig wie möglich fallen gelassen wird und dennoch schnell die Runde macht (Zeit nehmen!)

Frage: Wie kann der Ball unter den gleichen Bedingungen noch schneller von einem zum anderen gelangen? Zum Schluss kann eine Schülerin als Joker eingesetzt werden, um eine Zeit zwischen 2 und 5 Sekunden zu erreichen.

Varianten:
Ein zweiter, andersfarbiger Ball, der eine andere Wurfabfolge durchläuft, kann im ersten Teil eingesetzt werden. Wenn dann beide Bälle nach einander starten, ist ein Höchstmaß an Konzentration erforderlich.

Erfahrungen:
Diese Übung erfordert Zusammenarbeit und gemeinsames Nachdenken.

Lösung für die Frage:
Aufgestellt in der richtigen Reihenfolge kann der Joker den Ball (im Kreis stehend) in die Hand nehmen und die ausgestreckten Hände der Kinder damit berühren.

Stuhlkreis

Ort:	Klassenraum
Dauer:	15 Min.
Material:	Stühle
Teilnehmeranzahl:	bis ca. 30
Teilnehmeralter:	Sekundarstufe 1 und 2

Beschreibung:
Die Stühle werden mit der Sitzfläche nach innen in einem Kreis oder Ellipse aufgestellt. Sie dürfen sich dabei nicht berühren. Hinter jedem Stuhl steht eine Schülerin. Die Stühle werden nach innen gekippt mit einer Hand festgehalten.

Aufgabe der Klasse ist es, die Stühle zu wechseln, ohne dass einer fallen gelassen wird. Dabei darf jede Teilnehmerin nur die rechte Hand benutzen (keine anderen Körperteile). Die linke Hand befindet sich während der gesamten Übung auf dem Rücken. Mit der rechten Hand darf nur ein Stuhl gehalten werden.

Der Versuch ist gescheitert, wenn ein Stuhl umfällt oder auf allen vier Stuhlbeinen zum Stehen kommt.

Ziel:
1. Einmal den Kreis komplett zu umrunden, ohne dass ein Stuhl fallen gelassen wird oder
2. in einer festgelegten Zeit (5 Min.) so viele fehlerfreie Wechsel, wie möglich.

Erfahrungen:
Diese Übung fordert ein hohes Maß an Konzentration und Zusammenarbeit. Sie sieht am Anfang sehr leicht aus, entpuppt sich dann jedoch als sehr komplex und ist nur durch koordiniertes Handeln lösbar.

Der Umgang mit der Frustrationsgrenze der Einzelnen und der Gruppe sowie das Erproben neuer Problemlösungsstrategien ist dabei ein wesentliches Thema.

Stab der Zwietracht

Ort:	Klassenraum
Dauer:	10 Min.
Material:	2–3 leichte Stäbe aus Kiefernholz oder Aluminium (ca. 1 m lang)
Teilnehmeranzahl:	bis ca. 30
Teilnehmeralter:	Sekundarstufe 1 und 2

Beschreibung:
Die Klasse bildet Gruppen mit etwa 10 Schülerinnen. Pro Gruppe wird ein Stab benötigt.

Die Gruppe hat die Aufgabe einen Stab, welcher nur auf den Zeigefingern der Schülerinnen ruht, zum Boden zu bringen, ohne dass irgendjemand den Kontakt zum Stab verliert. Die Zeigefinger müssen dabei ausgestreckt sein und sich unterhalb des Stabes befinden. Die Übung ist erfolgreich geschlossen, wenn der Stab auf den am Boden befindlichen Fingern ruht. Da eine Lehrerin nur eine Gruppe genau beobachten kann, können einzelne Schülerinnen zur Beobachtung der anderen Gruppe eingeteilt werden.

Erfahrungen:
Diese Übung fordert ein hohes Maß an Konzentration und Zusammenarbeit. Sie sieht am Anfang sehr leicht aus, entpuppt sich dann jedoch als sehr komplex und ist nur lösbar durch koordiniertes Handeln.

Der Umgang mit Ehrlichkeit (wer gibt zu, wenn er den Kontakt zum Stab verloren hat und wer fürchtet den Gruppendruck?) ist dabei ein wesentliches Thema, genauso wie die Frustrationsgrenze der Einzelnen und der Gruppe sowie das Erproben neuer Problemlösungsstrategien.

Zimmermanns Pause

Ort:	Klassenraum
Dauer:	10 Min.
Material:	2–3 Zollstöcke (Gliedermaßstab), verschiedene Gegenstände (Stifte, Radierer, Formen)
Teilnehmeranzahl:	bis ca. 30
Teilnehmeralter:	Sekundarstufe 1 und 2

Beschreibung:
Die Klasse bildet Gruppen mit etwa 10 Schülerinnen. Pro Gruppe wird ein Zollstock benötigt, welcher im Zick-Zack auf dem Boden liegt. Auf jedem Stab befinden sich verschiedene Gegenstände. Diese dürfen nicht berührt werden.

Die Gruppe hat die Aufgabe, den Zollstock vom Boden hoch zu nehmen, auf Knie- oder Hüfthöhe zu bringen, ihn dort gerade zu biegen (ohne ihn kaputt zu machen) und ihn anschließend wieder auf dem Boden abzulegen.

Die Gegenstände müssen die gesamte Zeit auf dem Zollstock verbleiben, ohne festgehalten zu werden oder herunterzufallen.

Sollte ein Gegenstand herunter fallen, wird er an seinen Ausgangspunkt platziert und die Übung beginnt erneut vom Boden.

Erfahrungen:
Diese Übung fordert ein hohes Maß an Konzentration und Zusammenarbeit. Sie sieht am Anfang sehr leicht aus, entpuppt sich dann jedoch als sehr komplex und ist nur lösbar durch koordiniertes Handeln.

Der Umgang mit Ehrlichkeit (werden Gegenstände festgehalten) ist dabei ein wesentliches Thema, genauso wie die Frustrationsgrenze der Einzelnen und der Gruppe sowie das Erproben neuer Problemlösungsstrategien.

Sortieren blind und stumm

Ort:	Klassenraum
Dauer:	15 Min.
Material:	Augenbinden
Teilnehmeranzahl:	bis ca. 30
Teilnehmeralter:	Sekundarstufe 1 und 2

Beschreibung:
Bei einer großen Klasse ist es ratsam, diese Aufgabe in zwei Gruppen durchzuführen, wobei die nicht handelnde Gruppe Beobachtungen macht, welche in die Auswertung einfließen.

Die handelnde Gruppe hat die Aufgabe, sich blind und stumm nach Zahlen zu sortieren, ohne zu sprechen. Die Zahlen werden ihnen erst gegeben, wenn sie blind sind.

Für Absprachen steht der Gruppe sehend und sprechend ein Zeitlimit (5–10 Min.) zur Verfügung. Anschließend setzen alle die Augenbinden auf.

Die Zahlen werden den einzelnen Schülerinnen danach leise ins Ohr geflüstert. Umso mehr die Zahlen durcheinander sind, desto anspruchsvoller ist die Aufgabe.

Erfahrungen:
Der Einfallsreichtum der Schülerinnen ist unbegrenzt. Zu achten ist vor allen Dingen auf die Sicherheit der handelnden Schülerinnen. Zu Beginn der Übung macht sich meist Resignation breit, da sie unlösbar scheint. Für die Lehrerin ist in dieser Phase eine Mischung aus Motivation und Geduld erforderlich. Beachte: Die Absprachephase der Gruppe ist der entscheidende Prozess für die Beobachterinnen.

Verkehrsstau

Ort:	Klassenraum
Dauer:	15 Min.
Material:	Markierungen für 3 mal 7 Felder (z.B. DIN-A4-Blätter, Klebeband)
Teilnehmeranzahl:	bis ca. 30
Teilnehmeralter:	Sekundarstufe 1 und 2

Beschreibung:
Teilen Sie die Klasse in Gruppen mit je sechs Personen und stellen Sie allen Gruppen dieselbe Aufgabe:
Es existieren sieben Felder, welche in einer Reihe, jeweils einen Schritt voneinander entfernt, auf dem Boden dargestellt sind. Die Gruppe teilt sich in zwei mal drei Personen. Zu Beginn stellt sich die eine Gruppe à drei Personen auf die Felder, die links vom mittleren Feld liegen, die andere Gruppe à drei Personen rechts davon. Das mittlere Feld bleibt frei. Alle Teilnehmer stehen mit dem Gesicht zum mittleren Feld. Aufgabe der gesamten Gruppe ist es, ihre Plätze so zu tauschen, so dass die Gruppe, welche vorher rechts stand, nun links steht und umgekehrt.

Dabei sind aber einige Regeln zu beachten:
1. Eine Person darf in den freien Raum vor ihr rücken.
2. Eine Person darf um eine andere Person herum auf ein freies Feld rücken, wenn die Person vor ihr in der entgegen gesetzten Richtung steht (andere Gruppe).
3. Niemand darf rückwärts gehen.
4. Niemand darf um eine Person herum gehen, auf deren Rücken sie blickt.
5. Zwei Personen dürfen sich nicht gleichzeitig bewegen.

Hidden Way 1

Ort:	Klassenraum und Flur
Dauer:	45 Min.
Material:	Papier, Klebeband, Kreide, Wolle oder anderes Material, um bis zu 36 Felder zu markieren
Teilnehmeranzahl:	bis ca. 30
Teilnehmeralter:	Sekundarstufe 1 und 2

Beschreibung:
Teilen Sie die Klasse in zwei Gruppen. Auf dem Flur ist ein rechteckiges Feld vorbereitet, bestehend aus vier mal vier bis sechs mal sechs markierten Feldern.
Aufgabe der Schülerinnen ist es, den Geheimpfad zu finden, den Sie festgelegt und für sich aufgezeichnet haben. Er führt vom Start (erste Reihe) durch das Feld zum Ziel (oberste Reihe). Geben Sie bekannt, wie viele Felder der Geheimpfad insgesamt umfasst.

Die erste Gruppe sendet eine Schülerin zu dem Feld im Flur. Diese betritt ein beliebiges Feld in der Startreihe. Hat sie das richtige Feld getroffen, kann sie fortfahren.
Jetzt kann sie geradeaus, nach rechts oder links oder diagonal auf ein angrenzendes Feld gehen. Ab der zweiten Reihe besteht die Möglichkeit, auch rückwärts auf die Felder zu treten, sodass es bei jedem Feld insgesamt sieben Wahlmöglichkeiten gibt. Jedes Feld wird nur einmal betreten.
Betritt die Schülerin ein falsches Feld, geben Sie ein entsprechendes Signal. Daraufhin geht sie zu ihrer Gruppe zurück und die zweite Gruppe schickt eine Schülerin. Jede Schülerin startet in der ersten Linie und muss die bereits bekannten Felder in der richtigen Reihenfolge betreten. Dadurch sind die Gruppen angehalten, eine wirksame Kommunikation untereinander zu finden. Jede Teilnehmerin der Gruppen sollte einmal bei der Aufgabe gewesen sein, bevor die erste Schülerin erneut dran ist.

Erfahrungen:

- 6 x 6 Felder mit einem Geheimpfad von 12 Feldern sind anspruchsvoller als 4 x 4 mit einem Geheimpfad von 6 Feldern.
- Sie können bei dieser Übung die Schwierigkeiten weiter erhöhen, indem keine Schreibmaterialien verwendet werden dürfen. Dadurch fördern Sie die Kreativität der Schülerinnen.

Varianten:

Wenn genügend Zeit vorhanden ist, können Sie vorgeben, dass jede Schülerin einmal fehlerfrei den Pfad gegangen sein muss, bevor die Aufgabe als gelöst gilt. Dies erfordert besonders gute Kommunikation in den Gruppen. Sie werden erstaunt sein über den Einfallsreichtum, den die Schülerinnen entwickeln, um sich den Weg einzuprägen.

SET in verschiedenen Gruppen

Ort:	Klassenraum
Dauer:	20 Min.
Material:	4–5 Spiele „SET“ von Ravensburger
Teilnehmeranzahl:	bis ca. 30
Teilnehmeralter:	Sekundarstufe 2

Beschreibung:
Teilen Sie die Klasse in Kleingruppen mit max. 6 Schülerinnen. Dabei sollten die Schülerinnen entsprechend ihrer Leistungsstärke zusammengesetzt werden, sodass die leistungsstärksten Schülerinnen in einer Kleingruppe gegeneinander antreten.

Jede Kleingruppe erhält ein Spiel „SET“.

Darin sind 81 Spielkarten enthalten, welche sich in 4 Eigenschaften unterscheiden: Menge (1,2 oder 3); Farbe (rot, violett oder grün); Form (Raute, Balken oder Welle); Füllung (leer, halb oder voll).

Immer drei Karten bilden zusammen ein SET. Aber nur, wenn jede der 4 Eigenschaften – jeweils für sich gesehen – entweder genau gleich oder völlig verschieden ist. Beim Suchen eines SETs muss man sich demnach immer dieselben vier Fragen stellen:

Ist die Menge	genau gleich oder völlig verschieden?
Ist die Farbe	genau gleich oder völlig verschieden?
Ist die Form	genau gleich oder völlig verschieden?
Ist die Füllung	genau gleich oder völlig verschieden?

Nur, wenn jede Frage mit „Ja“ beantwortet werden kann, liegt tatsächlich ein SET vor.

Alle Schülerinnen der Kleingruppe spielen gleichzeitig und wer zuerst ein SET entdeckt, kann es vom Spielfeld nehmen. Ziel ist, so viele SETs wie möglich zu sammeln.

Bei dieser Aufgabe geht es um Konzentration und Aufmerksamkeit. Schnelligkeit und Reaktion ist zweitrangig.

Varianten:
Wenn Ihre Schule einen gut funktionierenden Computerclub oder -AG besitzt, kann die Programmierung dieser Aufgaben als Computervariante eine interessante Aufgabe für diesen Computerclub sein.

Ubongo in Gruppen

Ort:	Klassenraum
Dauer:	2 x 10 Min.
Material:	2 Spiele „Ubongo“ von Kosmos
Teilnehmeranzahl:	bis ca. 30
Teilnehmeralter:	Sekundarstufe 1 und 2

Beschreibung:
Teilen Sie die Klasse in vier Gruppen.

Jeweils zwei Gruppen erhalten ein „Ubongo“ Spiel und treten gegeneinander an. Zuerst starten die ersten Schülerinnen der Gruppen und lösen eine „Ubongo“ Aufgabe. Die Gewinnermannschaft erhält einen Punkt. Anschließend starten die zweiten Schülerinnen der Mannschaften usw.

Da dies parallel auch in den anderen zwei Gruppen stattfindet, stehen nach 10 Minuten zwei Siegermannschaften und zwei Zweitplatzierte fest. Diese treten nun in den kommenden 10 Minuten gegeneinander an.

Achten Sie bitte darauf, dass jede Schülerin der Gruppen auch an der Aufgabenlösung beteiligt wird.

Ziel des „Ubongo“ Spieles ist es, am schnellsten die richtigen Legeteile zu nehmen und passend auf die weißen Kästchen der Karte zu legen. Die Gruppe, die am Ende der Durchgänge die meisten Runden gewonnen hat, ist Sieger.

Das „Ubongo“ Spiel wird in der einfachen Variante angeboten (geeignet für die Sekundarstufe 1 und zu Beginn auch für die Sekundarstufe 2) und in einer schwierigeren Version („Ubongo extrem“) für die Sekundarstufe 2.

Neben der Konzentrationsfähigkeit kommt es bei dieser Aufgabe auf Schnelligkeit und Reaktionsvermögen an. Es wird logisches Denken, Kombinationsfähigkeit und Ausdauer geschult.

Varianten:
Sehr effektiv ist, wenn die Gruppe der Teilnehmerin, die gerade spielt, Tipps und Hinweise geben darf. Dies führt zu Beginn zu einem Kommunikationschaos, welches die Gruppen in der Regel nach einiger Zeit selbst erkennen und regulieren.

Ein weiterer positiver Nebeneffekt dieser Variante ist, dass Schuldzuweisungen gegenüber einzelnen Schülerinnen („Wegen Dir …") meist ins Leere laufen, da alle beteiligt sind.

Da Vinci Brücke

Ort:	Klassenraum
Dauer:	15 Min.
Material:	4 mal 21 Leisten (L= 20 cm, B= 2 cm, H= 0,5 cm als Anhaltswert), evtl. 8 Augenbinden
Teilnehmeranzahl:	bis ca. 30
Teilnehmeralter:	Sekundarstufe 2

Beschreibung:
Führen Sie diese Übung in bis zu vier Gruppen gleichzeitig durch. Achten Sie bei der Einteilung auf ein ausgewogenes Leistungsverhältnis zwischen den Gruppen.

Aufgabe jeder Gruppe ist es, aus den 21 Leisten eine stabile Rundbrücke zu bauen ohne die Leisten zu zerbrechen, verschrauben, verschnüren oder verkleben. Allein durch das Ineinanderstecken der Leisten entsteht eine stabile Brückenverbindung.

Diese Aufgabe geht auf Leonardo Da Vinci zurück und ist ganz gewiss lösbar. Es bedarf Ausdauer, Kreativität und Mut zum Querdenken. Ist die Lösung einmal gefunden, erscheint sie vielen einfach und simpel.

Die zeitliche Reihenfolge der Fertigstellung ergibt für die Gruppen die Platzierung im Vergleich der Gruppen.

Die Leisten können in der Schule durch die Schülerinnen selbst angefertigt werden.

Varianten:
Diese Übung kann mit einem zeitlichen Abstand wiederholt werden, wobei dann leistungsstarke Schülerinnen innerhalb der Gruppe eine Beraterfunktion bekommen. Sie werden durch aufgesetzte Augenbinden blind und stehen ihrer Gruppe beratend zur Verfügung, dürfen selbst aber nicht Hand anlegen.

Bestimmen Sie bis zu zwei Schülerinnen pro Gruppe für diese Beraterfunktion.

Lösung:

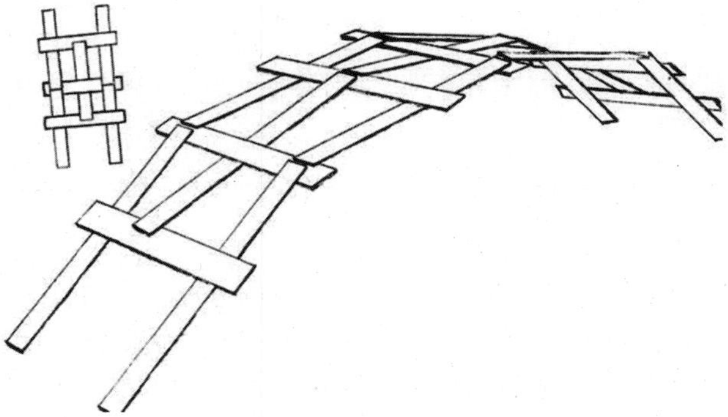

Tetris

Ort:	Computerraum
Dauer:	20 Min.
Material:	Computerprogramm „Tetris“
Teilnehmeranzahl:	bis ca. 30
Teilnehmeralter:	Sekundarstufe 1 und 2

Beschreibung:
Teilen Sie die Klasse in zwei Gruppen.

Jeweils eine Schülerin aus der ersten und zweiten Gruppe benutzen gemeinsam einen PC mit dem Programm „Tetris“. Ziel des Spiels ist es, passend die richtigen Legeteile zu zuordnen. Die Schülerin der ersten Gruppe beginnt mit dem Programm. Nach einer bestimmten Zeit oder nach Ende des Spieles durch den PC, wird getauscht. Die Score Punkte der ersten Schülerin werden notiert und die Schülerin der zweiten Gruppe beginnt anschließend ein neues Spiel.

Neben der Konzentrationsfähigkeit kommt es auf Schnelligkeit und Reaktionsvermögen an. Zusätzlich wird logisches Denken und Kombinationsfähigkeit geschult.

Haben beide Schülerinnen der Gruppen ihre Aufgabe gelöst, werden die Score Punkte verglichen und die Schülerin mit dem höchsten Wert gewinnt einen Punkt für ihre Gruppe. Die Punkte aller Zweiervergleiche werden aufgelistet und den Gruppen zugeschrieben. Anschließend kann ein zweiter und ein dritter Durchgang erfolgen. Welche Gruppe am Ende der Durchgänge die meisten Punkte auf ihrem Konto hat, ist Sieger.

Make 'N' Break

Ort:	Klassenraum
Dauer:	20–30 Min.
Material:	zwei Spiele „Make 'N' Break" von Ravensburger
Teilnehmeranzahl:	bis ca. 30
Teilnehmeralter:	Sekundarstufe 1 und 2

Beschreibung:
Teilen Sie die Klasse in vier Gruppen. Anschließend kann ausgelost werden, welche Gruppen gegeneinander antreten sollen.

Bei „Make 'N' Break" geht es darum, unter Zeitdruck Bauwerke nach einer Bauvorlage nachzubauen. Die Regeln des Spieles sollten von den Gruppen eingehalten werden. Dabei kommt es auf eine gute Auffassungsgabe, Reaktionsschnelligkeit und Konzentration durch die spielende Schülerin an.

Achten Sie bitte darauf, dass die spielenden Schülerinnen der Gruppen nach jedem Einsatz wechseln, so dass jede Schülerin beteiligt ist.

Varianten:
Die Schule kann sich die Spielfiguren und Spielkarten im Werkunterricht auch selbst erarbeiten.

Zwergenaufgabe

Ort:	Klassenraum
Dauer:	20–30 Min.
Material:	Klebepunkte mit zwei verschiedenen Farben
Teilnehmeranzahl:	bis ca. 30
Teilnehmeralter:	Sekundarstufe 2

Beschreibung:
Bevor Sie diese Aufgabe der Klasse geben, sollten die Schülerinnen mit Denksportaufgaben vertraut sein und bereits erste Erfolgserlebnisse erzielt haben.

Versuchen Sie zuerst diese Aufgabe selbst zu lösen, damit Sie gut einschätzen können, wann Ihre Klasse bereit und in der Lage ist, eine Lösung zu finden.

Stellen Sie die Aufgabe der gesamten Klasse und lassen Sie die Lösung durch verschiedene Gruppen erarbeiten.

Aufgabe:
Es sitzen viele Zwerge in einer dunklen Höhle. Jeder Zwerg hat einen farbigen Punkt auf dem Rücken. Die einen sind blau und die anderen rot. Keiner der Zwerge weiß jedoch, welchen Farbpunkt er auf dem Rücken trägt. Es ist auch nicht bekannt, wie viele blaue und rote Punkte es unter den Zwergen gibt.

Nun haben die Zwerge die Aufgabe, einzeln aus der Höhle heraus zu treten und sich nach Farben zu sortieren.

Dies klingt sehr einfach, wenn da nicht diese Einschränkung wäre:
Die Zwerge dürfen sich in keinster Weise untereinander verständigen oder kommunizieren. Dazu zählt verbale, aber auch nonverbale Kommunikation. Ein Zwinkern gilt als Kommunikation. Eine Absprache gilt als Kommunikation.

Es existieren draußen keine Spiegel und auch keine Tricks. Die Aufgabe ist lösbar und wie bei vielen Aufgaben ist die Lösung simpel und einleuchtend, wenn man sie erst einmal weiss.

Sollte eine Gruppe die Lösung gefunden haben, kleben Sie jeder Schülerin einen Farbpunkt auf den Rücken und lassen sie die Lösung praktisch durchführen.

Hinweis:
Der erste und der zweite Zwerg, des heraustritt, ist noch nicht entscheidend. Erst ab dem dritten Zwerg wird es interessant, dann zeigt sich, ob die Gruppe die Lösung gefunden und verstanden hat.

Lösung:
Der dritte Zwerg stellt sich immer zwischen die Farben, wenn der erste und zweite Zwerg unterschiedliche Farben haben. Sind beide gleicher Farbe, stellt sich der Zwerg daneben. Sowie unterschiedliche Farben da sind, stellt sich jeder neue Zwerg in die Schnittstelle der Farben. Dadurch bleibt rechts eine Farbe und links die andere Farbe, ohne dass der einzelne Zwerg weiß, welche Farbe er hat!

Sollten Sie zu dieser Aufgabe Fragen haben, scheuen Sie sich nicht und rufen Sie mich an, schreiben Sie mir eine E-Mail unter k.minkner@teamwaerts.de oder informieren Sie sich auf der Homepage www.teamwaerts.de.

Gerne gebe ich Ihnen Hinweise zu neuen Aufgabenstellungen.

Übungen zur Wissensvermittlung

Memory

Ort:	Klassenzimmer
Dauer:	20–30 Min.
Material:	DIN-A4-Blätter
Teilnehmeranzahl:	bis ca. 30
Teilnehmeralter:	Sekundarstufe 1 und 2

Beschreibung:
Memory kann unterschiedlich eingesetzt werden.

Im Grundschulalter geht es um einfache Rechenarten bzw. um Wortpaare oder andere Zusammenhänge. Ein Beispiel ist der Zusammenhang im Deutschunterricht zwischen dem Wort „Schlag“ und dessen Beziehung zu dem Wort „schlagen“. Im ersten Schritt sollen die Teilnehmerinnen die Beziehungsbegriffe auf jeweils ein DIN-A4-Blatt schreiben. Damit ist die erste Ebene der Lernerfahrungen erfüllt.

Im zweiten Schritt werden die beschriebenen Blätter umgedreht auf dem Boden verteilt und ein Kind nach dem anderen darf nach den Spielregeln des Memory versuchen, korrekte Paare zu finden.

In den höheren Klassenstufen werden komplexere Begriffe verwandt.

Hier soll ein Beispiel genannt werden: Im Geographieunterricht geht es um die Länder der Erde und deren Hauptstädte. Zu den USA gehört Washington, zu Deutschland Berlin, zu Italien Rom und zu Spanien Madrid.

Um eine dritte Ebene der Lernerfahrungen zu verwirklichen, lassen Sie bei gefundenen Paaren Gedankenbrücken bauen.

Einige Beispiele dazu:
Deutschland und Berlin – „Im deutschen Lande bleibt der Bär liegen." (Bär-lin)

Niederlande und Amsterdam – „Im niedrigen Land baut der Hamster einen Damm". (amster-damm)

Spanien und Madrid – „Im Land der Pferde bin ich matt vom Ritt." (mat-rit)

Italien und Rom – „In Italien ist man fromm." (rom)

USA und Washington – „In den USA waschen sie Dinge in Tonnen. (wasch-ing-ton)"

Gerade beim dritten Schritt ist es erlaubt und erwünscht, dass mit viel Kreativität, Humor und Einfallsreichtum so genannte Eselsbrücken geschaffen werden. Die lustigsten Eselsbrücken werden meistens am besten behalten.

Die richtige Schreibweise der Wörter ergibt sich aus dem Schriftbild auf den DIN-A4-Blättern des ersten Schrittes.

Paternoster

(Transportsystem mit mehreren, vorne offenen Kabinen)

Ort:	Klassenraum
Dauer:	20–30 Min.
Material:	11 DIN-A4-Blätter, ein Würfel, ein Gegenstand als große Spielfigur 11 Karteikarten mit Ergebnissen pro Schülerin
Teilnehmeranzahl:	bis ca. 30
Teilnehmeralter:	Sekundarstufe 2

Beschreibung:
Es werden 11 Lernbegriffe (z.B. Formeln, Vokabeln oder andere komplexe Fragestellungen) auf jeweils ein DIN-A4-Blatt geschrieben. Die Schülerinnen halten die dazugehörigen Ergebnisse jeweils auf einer Karteikarte in ihren Händen.

Die 11 DIN-A4-Blätter werden in zwei Reihen untereinander erst für eine bestimmte Zeit (2 Min.) offen und anschließend verdeckt gelegt. Eine Position bleibt frei. Auf dieses leere Feld wird die Spielfigur gestellt. Die Spielfigur bewegt sich, immer ausgehend vom leeren Feld, im Uhrzeigersinn. Jedes DIN-A4-Blatt bildet dabei ein Feld pro Würfelpunkt. Am Ende eines Zuges steht die Spielfigur neben einem der verdeckten DIN-A4-Blätter.

Alle Schülerinnen geben jetzt einen Tipp ab, welches Ergebnis zu diesem Sachverhalt, der noch verdeckt ist, gehört. Hierzu legt jede Schülerin die entsprechende Ergebnis-Karteikarte aus ihrer Hand verdeckt vor sich hin. Wenn alle Schülerinnen eine Karteikarte abgelegt haben, wird das entsprechende DIN-A4-Blatt umgedreht. Alle richtigen Karteikarten werden eingesammelt.

Das aufgedeckte DIN-A4-Blatt wird anschließend auf das leere Feld gelegt, das zuletzt Ausgangspunkt der Spielfigur war. Diese steht nun auf einem neuen leeren Feld und die nächste Schülerin ist an der Reihe.

Nach einem festgelegten Zeitrahmen wird die Aufgabe abgebrochen und geschaut, wer die meisten Karten ablegen konnte.

Varianten:

1. Die Aufgabe kann zur Erleichterung auch offen gespielt werden.
2. Die spielende Schülerin begründet ihre eigene Entscheidung mit der Darstellung ihrer Gedanken. (Dabei kann sie auch eine falsche Karteikarte gelegt haben, denn dann handelt es sich um eine negative Intervention, welche ihr und anderen bewusst wird)
3. Ist der Spielablauf bekannt, kann in Kleingruppen mit neuen Lerninhalten gespielt werden

Hidden Way 2

Ort:	Klassenraum und Flur
Dauer:	45 Min.
Material:	Papier, Klebeband, Kreide oder anderes Material, um bis zu 36 Felder zu markieren
Teilnehmeranzahl:	bis ca. 30
Teilnehmeralter:	Sekundarstufe 1 und 2

Beschreibung:
Teilen Sie die Klasse in zwei Gruppen. Auf dem Flur ist ein rechteckiges Feld vorbereitet, bestehend aus vier mal vier bis sechs mal sechs markierten Feldern. Diese Felder enthalten Begriffe, Sachverhalte, Formeln, Vokabeln oder andere Lerninhalte. Ordnen Sie die Lerninhalte so an, dass 6 bis 12 Felder einen logischen Zusammenhang bilden. Andere Felder sollten ebenfalls Zusammenhänge bilden, allerdings nicht durchgängig zusammenhängend. Aufgabe der Schülerinnen ist es, den logischen Zusammenhang und damit den Geheimpfad zu finden, der vom Start (erste Reihe) durch das Feld zum Ziel (oberste Reihe) führt. Geben Sie bekannt, wie viele Felder der Geheimpfad insgesamt umfasst.

Die erste Gruppe sendet eine Schülerin zu dem Feld im Flur. Diese betritt das Feld in der Startreihe, das sie für richtig hält. Hat sie das richtige Feld getroffen, kann sie fortfahren. Jetzt kann sie geradeaus, nach rechts oder links oder diagonal auf ein angrenzendes Feld gehen. Ab der zweiten Reihe besteht die Möglichkeit, auch rückwärts auf die Felder zu treten, sodass es bei jedem Feld insgesamt sieben Wahlmöglichkeiten gibt. Jedes Feld wird nur einmal betreten.

Betritt die Schülerin ein falsches Feld, geben Sie ein entsprechendes Signal. Daraufhin geht sie zu ihrer Gruppe zurück und die zweite Gruppe schickt eine Schülerin. Jede Schülerin startet in der ersten Linie und muss die bereits bekannten Felder in der richtigen Reihenfolge betreten. Dadurch sind die Gruppen angehalten, eine wirksame Kommunikation untereinander zu finden. Jede Teilnehmerin der Gruppen sollte einmal bei der Aufgabe gewesen sein, bevor die erste Schülerin erneut dran ist.

Es kann zwei Strategien zur Bewältigung der Aufgabe geben:

1. Die Schülerinnen erkennen die logischen Zusammenhänge, finden und merken sich dadurch den richtigen Weg.
2. Die Schülerinnen finden den richtigen Weg durch Ausprobieren und Ausschließen falsch betretener Felder. In diesem Fall prägen sich dennoch die Sachverhalte der Felder unbewusst im Gedächtnis ein.

Erfahrungen:

- 6 x 6 Felder mit einem Geheimpfad von 12 Feldern sind anspruchsvoller als 4 x 4 mit einem Geheimpfad von 6 Feldern.
- Sie können bei dieser Übung die Schwierigkeiten weiter erhöhen, indem keine Schreibmaterialien verwendet werden dürfen. Dadurch fördern Sie die Kreativität der Schülerinnen.
- Besonders gut prägen sich die Inhalte ein, wenn die Schülerinnen das Feld nicht einfach verlassen, sondern den bereits gefundenen Weg rückwärts noch einmal gehen.

Varianten:

Wenn die Lerninhalte so angeordnet sind, dass die Schülerin ein angrenzendes Feld betreten kann, das im Zusammenhang aber erst später dran ist, teilen Sie mit, dass dieses Feld prinzipiell richtig, aber noch nicht an der Reihe ist. Bitte erklären Sie diese Variante zu Beginn der Übung.

Wenn genügend Zeit vorhanden ist, können Sie vorgeben, dass jede Schülerin einmal fehlerfrei den Pfad gegangen sein muss, bevor die Aufgabe als gelöst gilt. Dies erfordert besonders gute Kommunikation in den Gruppen. Sie werden erstaunt sein über den Einfallsreichtum, den die Schülerinnen entwickeln, um sich den Weg einzuprägen.

Find a Term

(Wörter, Formeln oder Vokabeln bilden)

Ort:	Klassenraum
Dauer:	15 Min.
Material:	5–6 DIN-A4-Blätter, Karteikarten
Teilnehmeranzahl:	bis ca. 30
Teilnehmeralter:	Sekundarstufe 1 und 2

Beschreibung:

Auf jeder Karteikarte steht ein Lerninhalt (Zahlen, mathematische Zeichen, Wörter, ...). Dies ist abhängig von dem Wissensgebiet, in dem Sie die Aufgabenstellung ansiedeln.

Die Klasse wird in Kleingruppen geteilt. Jede Kleingruppe erhält eine bestimmte Anzahl an Karteikarten. Es können dieselben Karteikarten pro Gruppe sein oder unterschiedliche. Anschließend haben die Gruppen 5 Minuten Zeit, so viele Begriffe, Formeln oder Vokabeln wie möglich (abhängig von der Aufgabenstellung) zu bilden und diese auf ein DIN-A4-Blatt zu schreiben.

Nach 5 Minuten werden die Blätter der Gruppen eingesammelt und jede Gruppe beginnt mit der Präsentation ihrer Ergebnisse, indem die Begriffe, Wörter oder Formeln durch die Schülerinnen aufgestellt werden. Dabei darf jede Schülerin maximal 2 Karteikarten in den Händen halten. Durch das visuelle Aufstellen der Ergebnisse erfolgt ein intensiver Lernprozess. Die anderen Gruppen beurteilen, ob das Ergebnis richtig ist und gewertet werden darf.

Lassen Sie jede Gruppe die Ergebnisse vorstellen. Doppelt oder dreifach präsentierte Vokabeln oder Formeln erhöhen den Nachhaltigkeitseffekt.

Varianten:

In der Sekundarstufe 1 geht es dabei um einfache Wörter und Grundrechenarten.

In der Sekundarstufe 2 können auch komplexere mathematische, physikalische oder chemische Zusammenhänge als Gegenstand genommen werden.

Blind Date

(Ablegen von Gegenständen nach Ergebnissen)

Ort:	Klassenraum
Dauer:	20 Min.
Material:	eventuell Augenbinden oder Tücher, 5 Karteikarten
Teilnehmeranzahl:	bis ca. 30
Teilnehmeralter:	Sekundarstufe 2

Beschreibung:
Dies ist eine Aufgabe, um Ergebnisse komplexerer Wissenszusammenhänge einprägsamer zu vermitteln. Sie kann auch als Klausur- oder Prüfungsvorbereitung genutzt werden.

Verschiedene, aufeinanderfolgende mathematische oder andere Zusammenhänge führen zu einem End- oder Gesamtergebnis. Die Lehrerin stellt auf fünf Karteikarten verschiedene mögliche Ergebnisse zur Wahl (wie Multiple-Choice). Diese Karteikarten werden auf dem Weg von einer Wand zur gegenüberliegenden Wand des Klassenraumes (geeignet ist besonders der Mittelgang auf dem Weg zur Tafel) in unterschiedlichen Entfernungen gelegt. Somit werden am Boden fünf Sektoren gebildet.

Zunächst soll jede Schülerin einzeln die Lösung finden. Um die Entscheidung festzuhalten, versucht anschließend jede mit verbundenen Augen einen persönlichen Gegenstand im Sektor der Karteikarte zu platzieren, auf der das Ergebnis steht, das sie für richtig hält. Die gegenüberliegende Wand darf dabei auf keinen Fall berührt werden – dadurch wird die Aufmerksamkeit und Konzentration erhöht.

Sind alle Gegenstände abgelegt, gehen alle Schülerinnen, die sich für den gleichen Wert entschieden haben, in Kleingruppen zusammen und diskutieren ihren Lösungsweg untereinander. Anschließend stellt eine Schülerin aus jeder Gruppe die Lösung der restlichen Klasse vor.

Da die Platzierung der Gegenstände blind passiert, kommt es oft vor, dass eine Schülerin nicht den Sektor trifft, der ihr Ergebnis beinhaltet. Sie bleibt dennoch in dieser Gruppe und kann die aufgezeigten Lösungswege hinterfragen und die Diskussion damit bereichern.

Somit entsteht in den Kleingruppen eine intensive Auseinandersetzung mit dem Lehrstoff. Durch das Erleben des Blindseins wird diese Lernerfahrung noch intensiviert.

Schülerinnen, deren Ergebnis ungültig ist, da sie die gegenüberliegende Wand doch berührt haben, werden in den einzelnen Gruppen als Beobachterinnen eingesetzt und stellen bei der Auswertung die Prozesse in den Gruppen dar.

Blaupause

Ort:	Klassenraum
Dauer:	20–30 Min.
Material:	5 bis 6 Arbeitsvorlagen
Teilnehmeranzahl:	bis ca. 30
Teilnehmeralter:	Sekundarstufe 1 und 2

Beschreibung:
In den Arbeitsvorlagen sind Systemzusammenhänge dargestellt (z.B. der menschliche Körper, die Kontinente und Meere unserer Erde, die Länder eines Kontinentes mit ihren Hauptstädten, Kreislauf des Lebens, Kreislauf des Wassers, die Erdgeschichte, der Aufbau eines Motors, Produktionsabläufe usw.).

Ein oder zwei Schülerinnen sitzen mit dem Rücken zur Klasse und erhalten eine Arbeitsvorlage. Sie versuchen den dargestellten Sachverhalt der Arbeitsvorlage verbal so zu vermitteln, dass er originalgetreu nachgebaut werden kann. Dafür nutzen zwei weitere Schülerinnen einen freien Platz im Klassenzimmer und ihre Klassengefährtinnen. Sie stellen diese an die beschriebene Position und wiederholen mit ihnen, für welchen Sachverhalt sie eingesetzt sind. (Du stehst hier und bist der Magen! Oder du bist London, die Hauptstadt von England, das Yvonne darstellt und befindest dich im Südosten von England)

Ist die Arbeitsgrundlage nach Ansicht der ersten beiden Schülerinnen ausreichend beschrieben und hatten die anderen beiden Schülerinnen Gelegenheit, den Sachverhalt mit den Klassengefährtinnen nachzustellen, friert das Bild ein und die vier agierenden Schülerinnen vergleichen die Arbeitsgrundlage mit dem aufgestellten Bild.

Der nächste Schritt ist, dass jede Schülerin, welche für einen Sachverhalt aufgestellt wurde, den Namen des Sachverhaltes und eine Eigenschaft ihres Sachverhaltes, der noch nicht genannt wurde, benennt oder phantomimisch oder akkustisch darstellt. (Ich bin der Magen und ich zermalme alles, was man in mich hineinstopft, mit meiner Säure. Was ich nicht schaffe, schicke ich weiter an den Darm.) (Ich bin London, die Hauptstadt Englands, in der die Queen lebt: „Long live our Queen!")

Die bildliche Vorstellung einer Schülerin als mampfender Magen ist sehr einprägsam!

Catch me if you can

Ort:	Klassenraum
Dauer:	20 Min.
Material:	vorbereitete Multiple-Choice-Fragen, 4 Karten pro Schülerin
Teilnehmeranzahl:	bis ca. 30
Teilnehmeralter:	Sekundarstufe 1 und 2

Beschreibung:
Diese Aufgabe eignet sich hervorragend zur Vorbereitung von Klausuren oder Prüfungen, bei denen das komplette Wissen eines Wissensgebietes abgefragt werden soll. Die Nachhaltigkeit ergibt sich aus dem hohen Erlebniswert.

Alle Schülerinnen bilden mit ihren Stühlen einen Stuhlkreis. Alle Schülerinnen merken sich den Stuhl, auf dem sie gerade sitzen.

Die Lehrerin stellt eine Multiple-Choice-Frage und die Schülerinnen entscheiden individuell, welche Antwort richtig ist. Ist Antwort A richtig, rutschen alle, welche den Buchstaben A wählten, einen Platz im Uhrzeigersinn weiter. Sitzt dort bereits eine, setzen sie sich auf deren Oberschenkel.

Ist bei der nächsten Multiple-Choice-Frage die Antwort B richtig, rutschen alle mit B einen Stuhl weiter, außer den Schülerinnen, auf deren Schoß bereits eine Schülerin (in diesem Fall A) sitzt. Sie müssen erst warten, bis ihre Beine wieder frei sind. Leere Stühle gelten ebenfalls als ein Platz und müssen auf dem Weg im Uhrzeigersinn benutzt werden.

Ziel des Wettbewerbs: Welche Schülerin erreicht als erste wieder ihren Stuhl, unabhängig, ob dann auch andere noch auf ihrem Stuhl sitzen?

In der Erinnerung der Schülerinnen verbinden sich die richtigen Antworten zu den Multiple-Choice-Fragen mit dem Erlebniswert, wann kam ich selbst weiter und welche Fragen waren es, die die Schülerinnen auf meinen Oberschenkeln wieder frei bekamen. Es kommt durchaus vor, dass bis zu sechs Schülerinnen zeitweise auf einem Stuhl sitzen. Dem Lern-, Erlebnis- und Spaßfaktor ist dies sehr zuträglich.

Zeitungspatschen

Ort:	Klassenraum
Dauer:	15 Min.
Material:	zusammengerolltes Zeitungspapier
Teilnehmeranzahl:	bis ca. 30
Teilnehmeralter:	Sekundarstufe 1 und 2

Beschreibung:
Die Klasse sitzt auf ihren Plätzen. Eine Schülerin steht vorne an der Tafel mit der zusammengerollten Zeitung in der Hand.

Sie stellt zuerst eine Frage aus einem Wissengebiet, die Lehrerin benennt nach einer kurzen Gedankenpause eine Schülerin aus der Klasse. Diese Schülerin muss nun schnell die richtige Antwort sagen, bevor die Schülerin von vorne mit der Zeitung ihre Oberschenkel berührt. Dabei darf die angesprochene Schülerin nicht zurückweichen oder gar weglaufen. (Dies ist kein Fangspiel!)

Die einzige Möglichkeit einem Abschlagen zu entgehen ist, schnell die richtige Antwort zu geben. Eine falsche Antwort ist wie ein Abschlagen.

Wurde eine Schülerin abgeschlagen oder gab eine falsche Antwort, tauscht sie ihre Position mit der Schülerin vorne an der Tafel und stellt nun ihrerseits eine Wissensfrage. Die Schülerin, welche vorne war, wechselt auf ihren Platz und bestimmt nun den Namen einer Schülerin, welche die passende Antwort geben muss. Die Lehrerin übernimmt diese Rolle nur zu Beginn der Aufgabe.

Bei dieser Aufgabenstellung kommt es zusätzlich auf Reaktionsschnelligkeit und das spielerische Bewältigen von Stresssituationen an.

Das Ziel der Schülerin an der Tafel ist es, diese Position wieder zu verlassen. Deswegen muss sie sich zuerst eine gute Frage ausdenken, und dann die aufgerufene Schülerin schnell erreichen.

Alle anderen Schülerinnen sind gezwungen, sich eine Antwort für die jeweilige Frage zu überlegen, falls sie aufgerufen werden.

Frageduell

(Fragespiel mit konkurrierenden Gruppen)

Ort:	Klassenraum
Dauer:	30 Min.
Material:	keines
Teilnehmeranzahl:	bis ca. 28
Teilnehmeralter:	Sekundarstufe 1 und 2

Beschreibung:
Die Klasse wird in verschiedene Gruppen geteilt (max. 7 Schülerinnen pro Gruppe). Jede Gruppe hat 5 Minuten Zeit, sich zu einem bestimmten Wissensgebiet Fragen und Antworten für die anderen Gruppen zu überlegen.

An der Tafel wird eine Skala gezeichnet, die die Gruppen und die Punkte darstellt.

Gruppe 1 stellt Gruppe 2 eine Aufgabe; Gleichzeitig Gruppe 3 der Gruppe 4. Die befragten Gruppen erhalten eine Minute Zeit, um sich zu beraten. Danach schreiben sie ihre Antwort auf einen Zettel (oder Tafel oder PC). Ist die Antwort richtig, erhält die Gruppe einen Punkt.

Anschließend befragt Gruppe 2 die Gruppe 3 und Gruppe 4 die Gruppe 1. Die Ergebnisbewertung entspricht dem ersten Schritt.

Gruppe 3 befragt Gruppe 1 und Gruppe 4 die Gruppe 2.
Gruppe 1 befragt Gruppe 3 und Gruppe 2 die Gruppe 4.
Gruppe 3 befragt Gruppe 2 und Gruppe 1 die Gruppe 4.

Abschließend befragt Gruppe 2 die Gruppe 1 und Gruppe 4 die Gruppe 3.

Damit wurde jede Gruppe durch die andere befragt. Anschließend kann das Ergebnis ausgewertet oder eine weitere (vollständige Runde) angeschlossen werden.

Varianten:
Bei einer größeren Anzahl von Gruppen müssen die Durchgänge so strukturiert werden, dass jede Gruppe jeder Gruppe Fragen stellt.

Twister move

Ort:	Klassenraum
Dauer:	30 Min.
Material:	vorbereitete Multiple-Choice-Fragen, vorbereitete Plane mit Spielfeld (2 x 1,5 m)
Teilnehmeranzahl:	bis ca. 30
Teilnehmeralter:	Sekundarstufe 2

Beschreibung:
Diese Aufgabe eignet sich hervorragend zur Vorbereitung von Klausuren oder Prüfungen, bei denen das komplette Wissen eines Wissensgebietes abgefragt werden soll. Die Nachhaltigkeit ergibt sich aus dem hohen Erlebniswert.

Teilen Sie die Klasse in 2 bis 4 Gruppen ein. Jede Gruppe sucht sich aus ihren Reihen eine Spielerin aus. Jede Gruppe erhält einen Stapel Multiple-Choice-Fragen. Die verschiedenen Fragen können zuvor mit den Schülerinnen erarbeitet worden sein.

Die Gruppe 1 bekommt als erstes von zwei anderen Gruppen je eine Multiple-Choice-Frage gestellt. Die Antwort zur ersten Frage ist von der Spielerin der Gruppe 1 mit einer Hand auf dem Spielfeld zu berühren. Die Antwort zur zweiten Frage ist mit einem Fuß zu berühren. Die Spielerin verharrt in dieser Position.

Jetzt startet die Gruppe 2 und erhält von den anderen Gruppen zwei Fragen gestellt und ihre Spielerin muss die entsprechenden Felder berühren. Mit dem bereits vorhandenen Hindernis (Spielerin 1) muss sie zurecht kommen.

Anschließend ist die Reihe an Spielerin 3 und eventuell 4.

Die Gruppen sehen die Felder des Spielfeldes und sind bestrebt, es den Spielerinnen der anderen Gruppen so schwer wie möglich zu machen. Somit wird die Gruppe eine Frage suchen, deren Antwort auf ein schwer zu erreichendes Feld verweist. Bei der Suche nach eben dieser Frage müssen sie mehrere Fragen durchgehen und in Gedanken beantworten.

Der Spaßfaktor beim Erleben der verdrehten und in sich verwundenen Körper erhöht den Nachhaltigkeitswert des Lernerfolges.

Nehmen Sie bitte die nachfolgende Darstellung der Spielfläche als Anregung! Legen Sie wahllos für die Kreise die Buchstaben A bis D fest.

Chaos-Spiel

Ort:	Klassenraum und Flur der Schule
Dauer:	45–90 Min.
Material:	Spielplan („Mensch ärgere Dich Nicht“), Würfel, 4 bis 5 Spielfiguren, 20 bis 25 Aufgabenblätter (auf der Rückseite nummeriert), Aufgaben- und Lösungsübersicht
Teilnehmeranzahl:	bis ca. 30
Teilnehmeralter:	Sekundarstufe 1 und 2

Beschreibung:
Die Klasse wird in 5 bis 6 Gruppen eingeteilt, davon eine Expertinnengruppe. (Schülerinnen, welche im besagten Wissensgebiet gute und sehr gute Leistungen haben) Diese Gruppe bildet die Jury, achtet auf den richtigen Verlauf der Aufgabe und steht für Fragen aus den anderen Gruppen zur Verfügung.

Die Lehrerin verteilte in Vorbereitung auf die Aufgabe oder mit Hilfe der Expertinnengruppe zu Beginn des Unterrichts die Aufgabenblätter im Klassenraum und dem angrenzenden Flur o.ä. Der Spielplan (das „Mensch ärgere Dich Nicht Spiel“ für 6 Personen) wurde so vorbereitet, dass jedes Feld eine Zahl von 1 bis 25 erhält (außer Start- und Zielfelder). Jede Gruppe bekommt nur eine Spielfigur. Die Regeln des „Mensch ärgere Dich Nicht“ Spieles gelten (Rauswerfen, Start- und Zielfeld)! Kommt die Spielfigur auf ein nummeriertes Feld, muss die Gruppe die Aufgabe mit dieser Nummer im Raum finden, lösen und anschließend der Expertinnengruppe präsentieren. Ist die Lösung richtig, darf die Gruppe erneut würfeln. Die Reihenfolge des Würfelns wird durch gelöste Aufgaben bestimmt. Je schneller richtige Lösungen gefunden werden, desto öfter kann die Gruppe würfeln und desto größer ist die Chance, das Ziel als erste zu erreichen.

Vorteilhaft erwies sich in der Praxis, dass nach einer gewürfelten 6 nicht erneut gewürfelt werden darf, da das Spielfeld sonst zu schnell durchschritten werden kann.

Es ist wichtig, dass die Gruppen die Aufgabenblätter nicht wegnehmen, sondern an dem aufgefundenen Ort belassen, denn sie werden von allen Gruppen benötigt.

Im Verlauf der Aufgabe erreichen die spielenden Gruppen mehrfach ein und dieselbe Aufgabe, was unmittelbar zu einem Motivationsschub seitens der Schülerinnen führt, denn einmal richtig gelöst, ist die Antwort schnell parat. Hintergründig führt diese Methode durch Wiederholung zu einer Festigung des Lernerfolges.

Varianten:
Die Lehrerin sollte darauf achten, dass bei Wiederholung dieser Aufgabenstellung in einem anderen Wissensgebiet die Expertinnengruppe neu besetzt wird!

Bei der Präsentation der Lösungen können pantomimische, theatralische oder musikalische Mittel abverlangt werden.

Wer bin ich?

(Begriffe, Vokabeln, Zusammenhänge)

Ort:	Klassenraum
Dauer:	15 Min.
Material:	Karteikarten und Klebeband
Teilnehmeranzahl:	bis ca. 30
Teilnehmeralter:	Sekundarstufe 1 und 2

Beschreibung:
Dies ist eine sehr einfache und wirksame Aufgabenstellung, um Begriffe, Vokabeln oder Sachverhalte zu lernen. Lehrerinnen beider Sekundarstufen bestätigten den Lern- und Erfahrungswert in der praktischen Anwendung.

Begriffe, Vokabeln oder Sachverhalte werden auf die Karteikarten geschrieben. Dieser Schritt wird mit den Schülerinnen gemeinsam erarbeitet. Dies ist die erste Ebene der Lernerfahrung. Dabei kann bereits besprochen werden, wie dieser Begriff, die Vokabel oder der Sachverhalt erläutert werden kann, ohne den Begriff, Vokabel oder Sachverhalt selbst zu benennen. Anschließend und/oder mit einem zeitlichen Abstand (kommende Unterrichtseinheit) wird jeder Schülerin ein Begriff auf dem Rücken befestigt.

Aufgabe ist es nun, durch Befragungen der Mitschülerinnen heraus zu bekommen, welcher Begriff auf dem Rücken steht. Dabei dürfen befragte Schülerinnen nur mit „Ja", „Nein" oder „Vielleicht" antworten. „Vielleicht" wird verwandt, wenn die Schülerin keine klare Antwort geben kann, weil die Frage zu ungenau formuliert wurde oder die Schülerin die Fragestellung nicht in Beziehung zur Frage bringen kann.

In der Aufgabenlösung ist jede Schülerin gleichzeitig Fragestellerin als auch Befragte und muss sich somit mit verschiedenen Sachverhalten auseinander setzen. Die Schülerinnen haben keine feste Befragungspartnerin, sondern können sich mit ihren Fragen an jede Schülerin wenden.

Scrabble

Ort:	Klassenraum
Dauer:	20 Min.
Material:	vorbereitete Aufgabenblätter
Teilnehmeranzahl:	bis ca. 30
Teilnehmeralter:	Sekundarstufe 2

Beschreibung:
Die Schülerinnen erhalten in Gruppen vorgefertigte kleine Kreuzworträtselaufgaben, welche Begriffe des Lernstoffes, wie Vokabeln, Schlagwörter oder Beziehungswörter beinhalten.

Dabei geht es vom einfachen Kreuzworträtsel zum Scrabble, wo dann möglichst viele Begriffe frei gefunden werden sollten.

Dazu ein einfaches Beispiel:
Aus dem Begriff „Auerhahn" sollen acht einheimische Tierarten gefunden werden, welche in Mitteleuropa in freier Wildbahn vorkommen. Dabei sind die Buchstaben vom „Auerhahn" als Anfangsbuchstaben der neuen Begriffe zu verwenden. Dies kann leicht auf alle Wissensgebiete angewandt werden.

Der Aufwand ist relativ gering und der Wettbewerb der Gruppen untereinander spornt den Lerneffekt zusätzlich an.

Bei der Auswahl der Gruppen und der Schwierigkeit der Aufgabenstellung kann auf unterschiedliches Leistungsniveau eingegangen werden.

Puzzle

Ort:	Klassenraum
Dauer:	20–45 Min.
Material:	4 bis 5 DIN-A3-Blätter
Teilnehmeranzahl:	bis ca. 30
Teilnehmeralter:	Sekundarstufe 1 und 2

Beschreibung:
So simpel diese Aufgabenstellung klingt, so effektiv ist sie auch. Lassen Sie im ersten Schritt (erste Stufe der Lernerfahrung) durch die Schülerinnen einen Sachverhalt eines Wissensgebietes erarbeiten und auf einem DIN-A3-Blatt darstellen. Dabei soll die gesamte Fläche des Blattes verwendet werden.

Hier einige Sachverhalte als Anregung:
- Weltkarte mit Ländern und Hauptstädten
- Kategorisierung von Flora und Fauna
- Evolutionstheorie
- Erdschichten und Erdgeschichte
- Darstellung von Nahrungsketten
- Menschlicher Organismus

Im Wesentlichen lassen sich alle Sachverhalte, welche bildlich darstellbar sind, für diese Übung verwenden. Anschließend wird das DIN-A3-Blatt zerschnitten, sodass einzelne Puzzleteile daraus entstehen.

In der zweiten Stufe der Lernerfahrung sollen die Schülerinnen zeitversetzt und in Gruppen, das Puzzle wieder zusammen setzen. Dabei können sie sowohl auf das bereits erworbene Wissen zurückgreifen und den Begriffen logisch ihre Position zuordnen als auch durch Ausprobieren und Anpassen der Konturen der einzelnen Teile vorhandene Wissenslücken schließen.

Sinnvoll ist, diese Übung in verschiedenen Gruppen durchzuführen. Jede Gruppe erarbeitet dabei ein eigenes Puzzle, im zweiten Schritt werden die Puzzles zwischen den Gruppen ausgetauscht.

Variante:
Begriffe eines logischen Zusammenhangs werden getrennt auf Karteikarten geschrieben. Die Aufgabe besteht nun darin, die Begriffe in der richtigen Reihenfolge und eventuell nach der Lage zuzuordnen. (z.B. menschliche Organe)

Gedankenbrücken

(Beste Eselsbrücken finden)

Ort:	Klassenraum
Dauer:	20 Min.
Material:	keines
Teilnehmeranzahl:	bis ca. 30
Teilnehmeralter:	Sekundarstufe 1 und 2

Beschreibung:
Wie merken sich die Schülerinnen Dinge, die abstrakt sind?

Gehen Sie davon aus, dass man sich Dinge richtig merken kann, wenn sie wirklich vorstellbar sind. Also müssen zu abstrakten Dingen eigene Bilder gefunden werden.

Dazu gibt es zwei Wege:
1. Die Schülerinnen finden Symbole, welche sie mit dem gesuchten Wort verbinden.

Ägypten	➔	Pyramide
Paris	➔	Eiffelturm
angry	➔	Faust auf Tisch
Kapital	➔	Geldsack
Bruttoinlandsprodukt	➔	brutal eine Landkarte zerknüllen
Cashflow	➔	Fluss aus Münzen

2. Phonetik – sprachlich gleichklingende Laute (Worte) finden

Die Schülerinnen finden zu den Silben eines schwierigen Wortes ähnlich klingende Worte und bilden sich daraus einen Merksatz.

Als Beispiel dient das Land Burkina Faso. Es wird zuerst in seine Silben zerlegt, um anschließend bekannt klingende Worte zu finden.

Bur	➔	Burg
Kina	➔	China
Fa	➔	fahren
So	➔	Sonntag

Der Merksatz kann heißen: Eine Burg steht in China und da fahren die Leute am Sonntag hin.

Dies funktioniert auch bei Vokabeln. Als Beispiel soll hier das französische Wort für Flussmündung (lémbouchure) stehen.

lém	→	Lamm
bouch	→	Busch
ure	→	Uhr

Der Merksatz kann lauten: Ein Lamm steht am Busch und wirft eine Uhr in die Flussmündung.

Bei Vokabeln ist es wichtig, die Übersetzung mit einzubauen.

Alle Merksätze sollten sich die Schülerinnen bildhaft vorstellen können. Je komischer dabei diese Bilder sind, umso fester prägen sie sich im Gedächtnis ein. Je geübter die Schülerinnen im Anwenden dieser Techniken sind, umso leichter fällt es ihnen, sich selbst schwierige Wörter oder Sachverhalte zu merken.

Sortieren

Ort:	Klassenraum
Dauer:	20–45 Min.
Material:	Pinnwand, Karteikarten mit Lernbegriffen
Teilnehmeranzahl:	bis ca. 30
Teilnehmeralter:	Sekundarstufe 1 und 2

Beschreibung:
Die Klasse wird in zwei bis vier Gruppen geteilt. Jede Gruppe schickt eine Schülerin nach vorne. Von der Lehrerin werden 8 bis 12 Lernbegriffe vorgegeben, welche nach einem Kriterium zu sortieren sind. Dabei geht es der Reihenfolge nach. Eine Schülerin fängt an, dann die zweite, dritte und schließlich die Schülerin der vierten Gruppe.

Hier ein Beispiel:
Sortiert die folgenden Wörter. Wann waren sie Wörter des Jahres?

Abwrackprämie, BesserWessi, Bundeskanzlerin, Fanmeile, Hartz IV, Multimedia, Rot-Grün, Teuro

Dabei wird das Wort „Millenium" von der Lehrerin als Bezugspunkt vorgegeben und an die Pinnwand gehangen. Die erste Schülerin sucht sich ein Wort aus und hängt es hin. Wird es über das Wort Millenium gepinnt, ist es früher aktuell gewesen, wird es darunter gepinnt, ist es später aktuell gewesen. Dazu erklärt ein Mitglied ihrer Gruppe, was unter dem Wort zu verstehen ist. Die Gruppe kann insgesamt zwei Punkte bekommen (für den richtigen Platz und für die richtige Erklärung).

Das nächste Wort kann zeitlich zwischen die ersten beiden Wörter gehören, dann wird es an diese Stelle gehangen.

Wird ein Wort falsch gesetzt, gibt es keinen Punkt und die Lehrerin setzt das Wort an die richtige Stelle. Die Gruppe kann jedoch noch einen Punkt für die richtige Erklärung erhalten.

Anstelle von Worten können Begriffe, Sachverhalte und Vokabeln stehen, nur eben mit anderen Sortierkriterien.

Insgesamt sollten vier oder acht Durchgänge gemacht werden. Anschließend werden alle Punkte zusammengerechnet und die Gruppenplatzierungen festgelegt. Rechnerisch gesehen hat eine Gruppe gewonnen.

Pädagogisch gesehen gewinnen alle an Erfahrungen und an einem eindrucksvollen Unterricht.

Hier ein Beispiel aus dem Geographieunterricht:
Ordnet die Länder nach den EInwohnerzahlen:
Italien, Polen, Spanien, Portugal, Niederlande, Österreich, Türkei, Frankreich, Tschechien, Belgien, England, Schweden

Vorgegeben wird: Deutschland

Hier ein Beispiel aus dem Geschichtsunterricht:
Sortiert die folgenden Personen nach dem Wirkungszeitraum:
Ramses II, Alexander der Große, Josef Stalin, Mao Tse-tung, Napoleon, Bismark, Julius Cäsar, Kaiser Wilhelm II, Ludwig XIV, Gorbatschow, Adenauer, Saddam Hussein

Vorgegeben wird: Katharina die Große

Variante:
Beim Sprachenunterricht können Wörter und Vokabeln auch nur genannt werden, müssen dann übersetzt und entsprechend ihrer Schreibweise zugeordnet werden. Aufgabe der Schülerin ist es, das Wort oder die Vokabel korrekt zu schreiben.

Quiz in 30 Sekunden

Ort:	Klassenraum
Dauer:	20 Min.
Material:	vorbereitete Themenkarteikarten
Teilnehmeranzahl:	bis ca. 30
Teilnehmeralter:	Sekundarstufe 1 und 2

Beschreibung:
Die Klasse wird in zwei oder vier Gruppen geteilt. Jeweils zwei Gruppen treten gegeneinander an.

Die erste Gruppe entsendet eine Schülerin auf den Stuhl in der Mitte. Diese darf aus zwei Themenkarten eine aussuchen. Anschließend hat die Gruppe 1 dreißig Sekunden Zeit, alles Wissenswerte über das Themengebiet zu sagen. Die Lehrerin zählt die richtigen Antworten.

Gruppe 2 hat anschließend ebenfalls 30 Sekunden Zeit, die Antworten der Gruppe 1 zu wiederholen. Die richtigen Antworten der einzelnen Gruppen werden als Punkte notiert.

Anschließend schickt die Gruppe 2 eine Schülerin auf den Stuhl in die Mitte.

Die gleiche Reihenfolge beginnt anschließend mit der Gruppe 3 und 4. Die gesammelten Punkte ergeben dann die Bewertungen für die einzelnen Gruppen.

Erfahrungen:
Bei den der Antworten zu den Themengebieten ist es wichtig, dass jede Schülerin eine Antwort geben kann, bevor die erste Schülerin erneut dran ist. Dadurch machen alle Schülerinnen die Lernerfahrungen.

Alphabet rückwärts

Ort: Klassenraum

Dauer: 15 Min.

Material: Stoppuhr

Teilnehmeranzahl: bis ca. 30

Teilnehmeralter: Sekundarstufe 1 und 2

Beschreibung:
Die Klasse hat zu einem Themengebiet eine bestimmte Abfolge von Vokabeln, Formeln oder sachlichen Zusammenhängen erarbeitet.

Die Klasse wird in bis zu sechs Gruppen geteilt. Jede Gruppe benennt eine Schülerin als ihre Vertreterin. Die Vertreterinnen werden nach draußen geschickt.

Die Lehrerin erklärt die erste Aufgabe:
Die erarbeiteten Vokabeln, Formeln oder sachlichen Zusammenhänge sollen von den Vertreterinnen der Gruppen in rückwärtiger Reihenfolge vorgetragen werden. Die anderen Mitglieder der Gruppe können pantomimisch unterstützen. Dabei wird die Zeit genommen. Erfolgt ein Fehler, beginnt die Vertreterin erneut von Anfang an.

Anschließend wird die erste Vertreterin herein gebeten. Nachdem ihr die Aufgabe erklärt wurde, kann sie mit Hilfe der Gruppe starten.

Alle Vertreterinnen erhalten dieselbe Aufgabe, die Gruppe mit der besten Zeit wird Sieger.

Erfahrungen:
Die Wiedergabe von Lerninhalten in rückwärtiger Reihenfolge festigt die Verankerung der Lernerfahrungen durch zusätzliche Verknüpfungen im Gedächtnis.

Koffer packen

Ort:	Klassenraum
Dauer:	15 Min.
Material:	keines
Teilnehmeranzahl:	bis ca. 30
Teilnehmeralter:	Sekundarstufe 1 und 2

Beschreibung:
Diese Übung steigert den Lernerfolg durch Verknüpfung von Lerninhalten mit Gedankenketten und visuellen Bildern.

Zwei bis vier Schülerinnen der Klasse treten in einem Wettstreit gegeneinander an. Ihre Aufgabe ist es, Lerninhalte eines Wissensgebietes in einen Koffer zu packen. Dabei startet die erste Schülerin, nennt einen Begriff und sucht sich eine Schülerin der Klasse aus, welche für diesen Begriff steht. Diese erhält einen gut sichtbaren Platz im Raum. Die zweite Schülerin wiederholt diesen ersten Begriff und nennt einen zweiten Lerninhalt. Auch sie sucht eine Schülerin für diesen Inhalt aus, welche den Platz neben der ersten Schülerin einnimmt. Dann kommt die dritte und vierte Teilnehmerin an die Reihe, bevor die erste wieder startet.

Jede Schülerin muss die Lerninhalte in der richtigen Reihenfolge und vollständig benennen. Bei einem Fehler scheidet sie aus dem Wettkampf aus. (Möglich ist es, pro Wettstreit bis zu drei Fehler pro Teilnehmerin zuzulassen.)

Varianten:
Die Schülerinnen, die als Symbolfigur für Lerninhalte stehen, drehen sich zuerst von den Teilnehmerinnen weg. Erst bei richtiger Nennung ihres Lerninhaltes drehen sie sich wieder um.

Karten legen

Ort:	Klassenraum
Dauer:	20 Min.
Material:	Karteikarten
Teilnehmeranzahl:	bis ca. 30
Teilnehmeralter:	Sekundarstufe 1 und 2

Beschreibung:
Diese Übung an das Quartettspiel angelehnt.

In der ersten Stufe der Lernerfahrung werden Lerninhalte und ihre verschiedenen Parameter bestimmt und auf Karteikarten übertragen. Jeder Lerninhalt sollte auf eine Karteikarte. 22 Lerninhalte pro Wissensgebiet sind ausreichend.

Zwei Schülerinnen mit jeweils 2 Beraterinnen an ihrer Seite setzen sich gegenüber. Dabei erhält jede Schülerin 11 der 22 Karteikarten.

Schülerin 1 mit ihren Beraterinnen sucht sich eine Karte aus den 11 Karten aus, benennt einen Parameter (z.B. Sprintgeschwindigkeit eines Tieres). Ihre Gegnerin sucht nun in ihrem Karteikartenstapel nach dem Parameter und dem möglichst höchsten Wert. Anschließend werden die Karten aufgedeckt, die vollständigen Lerninhalte benannt und die Schülerin mit dem höchsten Wert erhält für diese Runde einen Punkt.

Nun stellt die zweite Schülerin der ersten Schülerin eine Parameterabfrage. Die Übung geht über 11 Runden, nach jeder Runde werden die bereits benutzten Karten eingesammelt.

Erfahrungen:
Für die Schülerinnen ist es wichtig, sich mit allen Karten in ihrer Hand vertraut zu machen und sie strategisch gezielt einzusetzen.

Wer weiß mehr

Ort:	Klassenraum
Dauer:	20 Min.
Material:	Karteikarten mit nummerierten Antworten auf eine bestimmte Frage
Teilnehmeranzahl:	bis ca. 30
Teilnehmeralter:	Sekundarstufe 1 und 2

Beschreibung:
Zwei Schülerinnen mit jeweils zwei Beraterinnen an ihrer Seite setzen sich gegenüber.

Die Lehrerin bestimmt zwei weitere Schülerinnen, welche die Karteikarten mit den Antworten erhalten. Die beiden halten die Antworten mit Kreide an der Tafel fest.

Die Lehrerin stellt den Schülerinnen und ihren Beraterinnen eine Frage. (z.B. Anrainerstaaten am Mittelmeer). Dafür gibt es 23 richtige Antworten. (Spanien steht auf Platz 5 der Antwortenzettel, daher kommt die Ziffer 5 an die Tafel oder Spanien wird ausgeschrieben.)

Die erste Schülerin gibt eine Antwort. Ist sie richtig, erhält sie einen Punkt und die Antwort wird an die Tafel geschrieben. Ist sie falsch oder kann sie keine Antwort geben, erhält die Schülerin 2 einen Punkt.

Anschließend gibt die Schülerin 2 eine Antwort. Dies geht abwechselnd so lange, bis keine mehr eine Antwort geben kann, oder alle richtigen Antworten gefunden wurden.

Danach tauschen die Schülerinnen mit einer ihrer Beraterinnen die Rollen und die Lehrerin stellt diesen neuen Wettkämpferinnen eine neue Frage.

Nach der dritten Runde steht das Gewinnerteam der Schülerinnen fest, danach können neue Teams antreten.

Übungen zur Stärkung von Sozialkompetenz

Stühle rücken

Ort:	Klassenraum
Dauer:	10 Min.
Material:	für jede Schülerin einen Stuhl, drei vorbereitete Aufgabenstellungen auf Karten
Teilnehmeranzahl:	beliebig
Teilnehmeralter:	Sekundarstufe 2

Beschreibung:
Die Klasse teilt sich in drei Gruppen. Jede Gruppe bekommt eine Aufgabe, welche sie nach dem Startsignal ohne zu sprechen (nonverbal) erfüllen muss. Die anderen Gruppen dürfen von der Aufgabenstellung nichts wissen.

Aufgabe der ersten Gruppe: „Stellt so viele Stühle wie möglich und so schnell wie möglich in einer Reihe auf!"

Aufgabe der zweiten Gruppe: „Stellt so viele Stühle wie möglich und so schnell wie möglich mit dem Rücken zur Tür auf!"

Aufgabe der dritten Gruppe: „Stellt so viele Stühle wie möglich und so schnell wie möglich mit den Füßen nach oben."

Erfahrungen:
Meistens überwiegt zuerst der Wettbewerbscharakter, doch bald merken die Gruppen, dass alle Aufgaben gemeinsam gelöst werden können.

Flying Egg
(Konstruktionsaufgabe)

Ort:	Klassenraum
Dauer:	45 Min. (90 Min.)
Material:	4 bis 5 rohe Eier, Papier, Wäscheklammern, Duplosteine etc. in 4- bis 5-facher Anzahl
Teilnehmeranzahl:	bis ca. 30
Teilnehmeralter:	Sekundarstufe 2

Beschreibung:
Teilen Sie die Klasse in bis zu fünf Gruppen. Jede Gruppe erhält das identische Ausgangsmaterial (gleiche Papieranzahl, Klebeband, Duplosteine usw.) und ein rohes Ei. Bei der Auswahl des Materials können Sie kreativ sein – verwenden Sie das, was gerade da ist. Dies geht von Toilettenpapierrollen über Schnur bis hin zu Textilienresten oder Luftballons.

Die Aufgabe der Gruppen besteht darin, die rohen Eier aus einer Höhe von 3 – 5 m fallen lassen zu können, ohne dass diese kaputt gehen. Die Gruppen sollen identische Flugapparate bauen. Zur Absprache gibt es die Möglichkeit, sich 3 mal 3 Minuten auszutauschen. Dies geschieht über jeweils eine Sprecherin jeder Gruppe.

Daraus gestaltet sich der Ablauf dieser Übung als Vorschlag folgendermaßen:

• Erteilung der Aufgabe	5 Min.
• Konstituierung der Gruppen	3 Min.
• Erste Besprechung der Vertreter	3 Min.
• Erste Bauphase	10 Min.
• Zweite Besprechung der Vertreter	3 Min.
• Zweite Bauphase	7 Min.
• Dritte Besprechung der Vertreter	3 Min.
• Fertigstellung der Modelle	2 Min.
• Ergebnisüberprüfung	4 Min.
• Auswertung	5 Min.

Neben der Beobachtung der Prozesse sollten Sie selbst die Zeit im Blick haben. Ich achtete nicht darauf, ob alle Vertreterinnen pünktlich zu den Treffen erschienen, sondern beendete diese Treffen, wenn die vorgegebene Zeit abgelaufen ist. Damit bewirken Sie die Einhaltung von Verbindlichkeiten und das unmittelbare Erleben von Konsequenzen, ohne dass eine Autoritätsperson diese Konsequenzen darstellt. Dies übernehmen die Schülerinnen.

Der unmittelbare Erfolg für die Schülerinnen ist, wenn das Ei den Sturz unbeschadet übersteht. Aus Ihren Beobachtungen lassen sich zusätzliche Erkenntnisse und Erfahrungen für die Schülerinnen ziehen und Sie haben die Möglichkeit, an diese Prozesse anzuknüpfen.

Varianten:
Zur Einhaltung des zeitlichen Ablaufes können Sie auch eine Schülerin beauftragen. Gleichzeitig ist es in großen Klassen sinnvoll, für jede Gruppe eine Beobachterin einzuteilen, welche bei der Auswertung ihre Erkenntnisse einfließen lässt.

Diese Übung ist sehr effektiv im Rahmen einer Doppelstunde, um die Auswertung umfangreicher gestalten zu können und den Schülerinnen selbst die Möglichkeit zu eröffnen, Schlussfolgerungen für künftige Aufgaben zu ziehen.

Sort Yourself

Ort:	Klassenraum
Dauer:	15 Min.
Material:	ein stabiler Stuhl pro Schülerin
Teilnehmeranzahl:	bis ca. 30
Teilnehmeralter:	Sekundarstufe 1 und 2

Beschreibung:
Die Stühle aller Schülerinnen werden aneinander gestellt. Der Abstand zwischen den Stühlen sollte max. 50 cm betragen.

Die Schülerinnen stellen sich auf die Stühle. Stehen alle auf den Stühlen, erklärt die Lehrerin die Aufgabe: „Sortiert euch nach dem Anfangsbuchstaben eures Vornamen. Links beginnt das Alphabet und rechts endet es. Haben zwei denselben Anfangsbuchstaben, schaut nach dem zweiten und dritten Buchstaben und bestimmt dadurch die Reihenfolge." Niemand darf während der Übung den Boden berühren.

Es ist unbedingt auf die Sicherheit und die Verletzungsgefahr hinzuweisen.

Wird der Fußboden betreten, nehmen alle Schülerinnen ihre Ausgangspositionen wieder ein.

Varianten:
Mit verschiedenen Kriterien kann diese Aufgabe stetig wiederholt werden (z.B. Schuhgröße, Körpergröße, Geburtstag). Erschwert wird die Übung, wenn nur nonverbale Kommunikation verwendet werden darf.

Eisschollenspiel

Ort:	Klassenraum
Dauer:	25 Min.
Material:	stabile Stühle, Spielseil oder Schnur
Teilnehmeranzahl:	bis ca. 30
Teilnehmeralter:	Sekundarstufe 1 und 2

Beschreibung:
Mit dem Spielseil wird eine Insel gelegt.

Die Stühle (Eisschollen) werden so um die Insel verteilt, dass sie von der Insel und vom jeweiligen Nachbarn mindestens drei Meter entfernt sind. An einer Stelle stehen drei Stühle relativ nah aneinander.

Jeder Stuhl wird durch mindestens eine Schülerin besetzt. Die Stühle dürfen bewegt werden.

Aufgabe ist es, alle Schülerinnen auf die rettende Insel zu bekommen, ohne dass jemand den Boden betritt. Dabei müssen die Eisschollen zu jeder Zeit berührt sein, denn sonst kommt die Strömung (aufmerksame Lehrerin) und reißt sie davon. Dann muss die Übung dennoch, trotz des Verlustes eines oder mehrerer Stühle, geschafft werden.

Varianten:
Erschwert wird die Aufgabe, wenn ausschließlich nonverbal kommuniziert werden darf oder wenn bereits am Anfang weniger Stühle als Schülerinnen vorhanden sind.

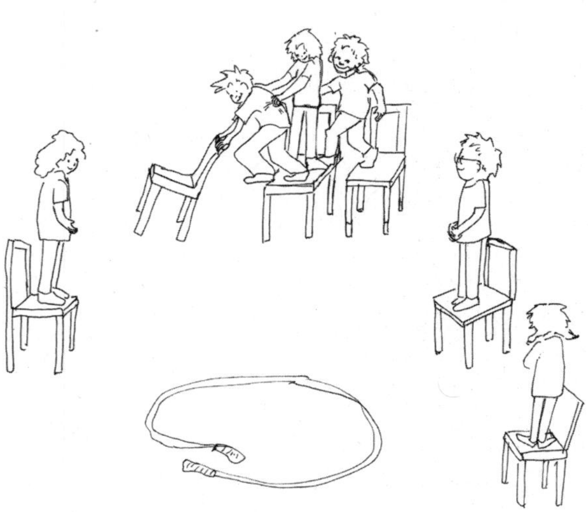

Reise von ...

Ort:	Klassenraum
Dauer:	15 Min.
Material:	stabile Stühle
Teilnehmeranzahl:	bis ca. 30
Teilnehmeralter:	Sekundarstufe 1 und 2

Beschreibung:
Die „Reise nach Jerusalem“ ist vielen Schülerinnen aus verschiedenen Zusammenhängen bekannt. Daher kommt es bei der Ankündigung dieser Übung oft zu einem aufstöhnendem „O-Nee!“

Ich kündige diese Übung gerne mit einer Geschichte an. Wenn alle die Reise nach Jerusalem mitgemacht haben, dann möchten sie gewiss nach einiger Zeit zurück nach Deutschland. Zurück fährt ein altersschwacher Zug und dieser muss auf seinem Weg über ein Gebirge („Wie heißt es doch nochmal?“). Dabei verliert er leider ab und zu einen Waggon, doch alle wollen nach Hause zurück. Also rücken sie enger zusammen.

Die Schülerinnen sollen, anders als bei der Reise nach Jerusalem, alle auf den Stühlen Platz finden und für einen bestimmten Zeitraum (3 Sek.) alle Gliedmaßen vom Erdboden nehmen. Dabei wird in jeder Runde der Platz immer kleiner, da ein bis zwei Stühle weggenommen werden. Es gibt kein Zeitlimit zum Aufsteigen auf die Stühle. Dies ist wichtig, um die Sicherheit zu gewährleisten. Als zusätzliche Motivation kann ein bereits erstellter Rekord (sechs Erwachsene auf einem Stuhl) vorgegeben werden.

Erfahrungen:
Die meisten Klassen fangen mit spontanem Aktionismus an und erkennen mit sinkendem Platzangebot die Notwendigkeit der Zusammenarbeit und Abstimmung, ohne dass explizit darauf verwiesen werden muss.

Berührungsängste werden ohne Thematisierung abgebaut.

Elektrischer Draht

Ort:	Klassenraum
Dauer:	30–45 Min.
Material:	ein Gummiband
Teilnehmeranzahl:	bis ca. 30
Teilnehmeralter:	Sekundarstufe 1 und 2

Beschreibung:
Das Gummiband wird zwischen zwei Tische (auf welchen je ein Stuhl stehen kann) in Hüfthöhe der Schülerinnen gespannt. Dabei sind die Tische und Stühle genauso elektrisch wie das Gummiband.

Aufgabe der Klasse ist es, alle Schülerinnen von der einen Seite des Gummibandes auf die andere zu bringen, wobei das Band nicht berührt werden darf.

Folgende Regeln sind zu beachten:
1. Wenn eine Schülerin das Band berührt, muss die gesamte Klasse wieder zurück.
2. Die Gesundheit steht an erster Stelle. Es darf niemand verletzt werden.

Erfahrungen:
Diese Aufgabe fordert die Überlegung, wie die letzte Person die andere Seite erreichen kann. Klassen, die wild drauflos arbeiten, werden sich schnell vor diesem Problem sehen. Es müssen also sowohl eine Taktik als auch Personen nach besonderen Eigenschaften diskutiert und ausgewählt werden.

Spinnennetz

Ort:	Klassenraum
Dauer:	45 Min.
Material:	Gummiband, Klebepunkte oder Wäscheklammern
Teilnehmeranzahl:	bis ca. 30
Teilnehmeralter:	Sekundarstufe 1 und 2

Beschreibung:
Als Vorbereitung muss ein Netz/Geflecht aus Gummiband aufgebaut werden. Dieses Geflecht sollte mindestens zehn verschieden große Öffnungen aufweisen, welche es den Schülerinnen ermöglichen, mit Hilfe und Vorsicht durch diese Öffnungen zu gelangen. Als Ankerpunkte bieten sich übereinander gestapelte Stühle und Tische an.

Die Schülerinnen müssen nacheinander durch verschiedene Öffnungen des Spinnennetzes klettern, ohne das Netz zu berühren.

Die Gruppe muss nun versuchen, durch die verschiedenen Öffnungen des gespannten Netzes zu klettern, ohne dieses zu berühren. Dabei darf und muss zusammengearbeitet werden, denn einige Öffnungen können nicht ohne Hilfe verwendet werden.

Bei 10 Öffnungen und 30 Schülerinnen darf jede Öffnung 3 Mal verwendet werden. Nach der dritten Nutzung einer Öffnung wird diese versiegelt und steht nicht mehr zur Verfügung. Die Klebepunkte oder Wäscheklammern können verwendet werden, um im Prozess deutlich zu machen, wie oft welche Öffnung bereits passiert wurde.

Regeln:
Die ganze Klasse muss durch das Netz hindurch, ohne einen Faden zu berühren.
Jede Öffnung darf nur n-Mal benutzt werden. (je nach Gruppengröße).
Berührt jemand den Faden, so
a) Müssen alle nochmal von vorne anfangen.
b) Muss diejenige von vorne anfangen.
c) Müssen alle Personen, die zu diesem Zeitpunkt mit derjenigen in Berührung standen, von vorne anfangen.

Erfahrung:
In dieser Übung geht es um das Erlernen von Problemlösungsstrategien, die Zusammenarbeit und die Förderung der Diskussionsfähigkeit innerhalb der Klasse.

Sie senkt die Hemmschwelle für korpulentere Schülerinnen, denn diese können nach Absprache die unteren Öffnungen auch selbständig verwenden.

Platz ist in der kleinsten Hütte

Ort:	Klassenraum
Dauer:	10 Min.
Material:	Schnur
Teilnehmeranzahl:	bis ca. 30
Teilnehmeralter:	Sekundarstufe 1 und 2

Beschreibung:
Mit der Schnur wird ein Kreis markiert, alle Teilnehmerinnen sollen in diesem Kreis stehend Platz finden. Dieser Kreis wird mit jeder Runde kleiner gemacht und dann startet die Gruppe wieder den Versuch, alle in diesen neuen Kreis hinein zu bekommen.

Erfahrungen:
Bitte unbedingt auf gesundheitliche Aspekte achten!
Berührungsängste (besonders in Sekundarstufe 2) werden spielerisch abgebaut.
Diese Aufgabe eignet sich als Wiederholungsübung, um eine neue Rekordmarke zu schaffen.

Blindflug

Ort:	Klassenraum
Dauer:	20 Min.
Material:	Augenbinden oder -tücher für die halbe Klasse
Teilnehmeranzahl:	bis ca. 30
Teilnehmeralter:	Sekundarstufe 1 und 2

Beschreibung:
Der Klassenraum dient als abgestecktes Areal mit allen Stühlen, Tischen und anderem Inventar.

Die Schülerinnen finden sich zu Paaren zusammen. Jedes Pärchen hat eine blinde und eine sehende Schülerin. Aufgabe jedes Pärchens ist es, die blinde Schülerin durch das Labyrinth zu führen, ohne dass sie die Tische und Stühle berührt. Die Steuerung der blinden Schülerin erfolgt ausschließlich verbal. Dabei muss die sehende Schülerin stets mindestens 3 Meter Abstand zu ihrer blinden Partnerin haben.

Varianten:
Die verbale Kommunikation kann noch reduziert werden. Jedes Pärchen darf dann nur jeweils ein Wort oder einen Laut nutzen. Das hat zur Folge, dass die sehende Person stets gefordert ist, ihre Position zu verändern und die blinde Person braucht eine erhöhte Aufmerksamkeit.

Reise unter dem Tisch

Ort:	Klassenraum
Dauer:	20–30 Min.
Material:	2–3 Tische
Teilnehmeranzahl:	bis ca. 30
Teilnehmeralter:	Sekundarstufe 2

Beschreibung:
Die Klasse bildet Gruppen mit etwa 10 Schülerinnen. Pro Gruppe wird ein Tisch benötigt. Am besten eignen sich Tische mit vier einzelnen Füßen, welche nicht durch Querstreben verbunden sind.

Eine Schülerin liegt auf dem Tisch und soll eine Reise unter dem Tisch hindurch beginnen ohne dabei auf den Boden zu kommen. Die anderen Teilnehmer sind tragende Säulen der Aufgabe.

Die Aufgabe ist erfüllt, wenn die Schülerin mit Hilfe der anderen wieder auf dem Tisch angekommen ist. Anschließend soll jede Schülerin der Gruppe diese Aufgabe bewältigen.

Dies ist keine sportliche Einzelübung, sondern ein Team- oder Gruppenerlebnis!

Erfahrungen:
Die Gruppen machen unterschiedliche Erlebnisse und finden individuelle Lösungen. Besonderes Augenmerk ist auf kräftige Teilnehmerinnen zu richten (Wahrnehmung ihrer Ängste und Bedürfnisse)

Farbquadrate

Ort:	Flur, Aula oder Schulhof
Dauer:	30 – 45 Min.
Material:	Kreppband oder Straßenkreide
Teilnehmeranzahl:	bis ca. 30
Teilnehmeralter:	Sekundarstufe 1 und 2

Beschreibung:
Auf dem Boden sind Quadrate oder Kreise in unterschiedlichen Farben dargestellt, welche ausreichend (große Schrittweite) weit auseinander sind, so dass man das gesamte Feld nicht alleine durch das Betreten der Quadrate einer Farbe durchqueren kann. Dabei gibt es eine gemeinsame Startlinie und eine gemeinsame Ziellinie. Für jede Farbe sollte mindestens eine Stelle geschaffen sein, an der das nächste eigene Farbfeld nur durch die Mithilfe der anderen Farben erreicht werden kann.

Die Klasse wird in drei oder vier Gruppen (je nach Farben auf dem Spielfeld).
Es gelten folgenden Regeln:
1. Alle Schülerinnen sollen das Ziel erreichen
2. Die Schülerinnen dürfen nur die Felder ihrer Farbe berühren
3. Tritt eine Schülerin daneben, muss die Schülerin zurück
4. Wer die Ziellinie passiert hat, darf nicht wieder in das Spielfeld zurück

Erfahrungen:
Auch bei dieser Übung geht es darum, eine Taktik zu entwickeln, um gemeinsam die Ziellinie zu erreichen sowie dabei auf unvorhergesehene Ereignisse (Rückkehr einzelner Schülerinnen zur Startlinie) angemessen zu reagieren.

Varianten:
Möglich ist der bewusste Einbau einer leichteren Strecke für eine Gruppe, um deren Verhalten zu testen.

An der Grenze zum letzten Drittel des Spielfeldes wird eine Linie gezogen mit der Aufschrift „Land des Schweigens“. Jede Schülerin, welche diese Linie übertritt, darf nicht mehr sprechen. Spricht sie dennoch, gilt dies wie übertreten und sie fängt wieder an der Startlinie an. Alle werden die Ruhe genießen, welche selbst bei großen Klassen einkehrt.

Aufstehen Rücken an Rücken

Ort:	Klassenraum
Dauer:	10 Min.
Material:	keines
Teilnehmeranzahl:	bis ca. 30
Teilnehmeralter:	Sekundarstufe 1 und 2

Beschreibung:
Diese Aufgabe gehört zu den Vertrauensübungen, ist ein guter Motivator und Aufmunterer für Unterrichtseinheiten.

Die Schülerinnen finden sich zu zweit zusammen. Dabei sollten die Körpergröße und das Körpergewicht bei den Paaren ausgeglichen sein. Beide Schülerinnen setzen sich Rücken an Rücken auf den Boden, haken ihre Arme ineinander und versuchen gemeinsam durch Körperdruck auf den Rücken und Körperspannung aufzustehen und sich anschließend wieder zu setzen.

Dabei können alle Schülerinnen gleichzeitig üben. Ist dies erreicht, finden sich zwei Paare zusammen und versuchen zu viert gemeinsam aufzustehen. Später dann zu acht. Dabei kommt es auf ein gesteigertes Feingefühl für den notwendigen Druck und das Gespür des Gesamtgefüges aus den beteiligten Schülerinnen an.

Varianten:
Die Füße können bei den übenden Paaren auch von anderen Schülerinnen festgehalten (fixiert) werden. Das erleichtert die Übung.

Sitzkreis

Ort:	Klassenraum
Dauer:	15 Min.
Material:	keines
Teilnehmeranzahl:	bis ca. 30
Teilnehmeralter:	Sekundarstufe 1 und 2

Beschreibung:
Dies ist eine Vertrauensübung, welche in einer ruhigen und entspannten Atmosphäre durchgeführt werden sollte.

Die Schülerinnen stellen sich in einem Kreis auf. Dabei stehen sie Schulter an Schulter und größenmäßig gut verteilt. Anschließend drehen sich alle nach rechts, sodass jede den Rücken der vorderen Schülerin vor sich hat. Dann machen alle gemeinsam einen halben Schritt nach innen, um den Kreis zu verkleinern.

Nun legen alle Schülerinnen ihre Arme auf die Schultern der vor ihr stehenden Schülerin und setzen sich auf ein selbst gewähltes Kommando zugleich auf die Oberschenkel der hinteren Schülerin.

Wenn dies gleichzeitig geschieht, der Kreis einem Kreise entspricht und alle Schülerinnen Vertrauen in diese Übung haben, entsteht dadurch ein Sitzkreis, der angenehm ist und das Gemeinschaftsgefühl stärkt.

In der Anleitung dieser Übung sollte darauf hingewiesen werden, dass auch das Aufstehen gemeinsam erfolgen sollte, da sonst die Kette brechen kann und einzelne Schülerinnen hinfallen.

Diese Übung dient der Motivationssteigerung für die gesamte Klasse, denn es ist unmittelbar zu spüren, dass jede einzelne Schülerin zum Klassenerfolg beiträgt.

Selten klappt diese Übung beim ersten Mal. Hier ist ein sensibler Umgang mit Fehlversuchen wichtig.

Varianten:
Ist der Sitzkreis entstanden, können alle Schülerinnen versuchen, gemeinsam das rechte und anschließend das linke Bein vom Boden zu heben.

Die nächste Steigerung ist das Laufen im Kreis. Dabei ist es ebenfalls wichtig, dass einheitlich gehandelt und die Körperspannung beibehalten wird.

Gordischer Knoten mit Seil

Ort:	Klassenraum
Dauer:	15 Min.
Material:	ein Spielseil
Teilnehmeranzahl:	bis ca. 30
Teilnehmeralter:	Sekundarstufe 1 und 2

Beschreibung:
Die beiden Enden des Spielseiles werden zu Beginn mit einem Knoten verbunden; das Seil wird dann auf den Boden gelegt und durcheinander gewickelt, wie ein Wollknäuel, das nicht zur Kugel aufgenommen wurde.

Es werden möglichst viele Schlaufen aus dem Knäuel gezogen. Idealerweise ist für jede Schülerin eine Schlaufe vorhanden, sonst nehmen zwei Schülerinnen eine Schlaufe.

Die Klasse fasst an die Schlaufen an und da, wo sie anfassen, bleiben beide Hände kleben. Die Schülerinnen können jedoch einzelne Finger der Hand bewegen.

Aufgabe der Klasse: Der Knoten soll entwirrt werden, ohne dass der Kontakt der Hände zum Seil unterbrochen wird. Ziel ist ein Kreis, wobei Schülerinnen auch mit dem Rücken zur Kreismitte stehen können.

Erfahrungen:
Die Lehrerin sollte darauf achten, dass die Schülerinnen ihr Seilstück in den Händen behalten, da sie dann gezwungen sind, mit dem gesamten Körper durch Schlaufen zu steigen.

Die Klassen sind immer wieder erstaunt, dass es mit Geduld und Übersicht immer eine Lösung für die Knoten gibt.

Mobile Seilbrücke

Ort:	Klassenraum
Dauer:	25 Min.
Material:	ein Spielseil
Teilnehmeranzahl:	bis ca. 30
Teilnehmeralter:	Sekundarstufe 1 und 2

Beschreibung:
Dies ist eine praktische Konstruktionsaufgabe.

Das Spielseil wird in Strängen auf den Boden gelegt. Die Schülerinnen erhalten die Aufgabe, aus dem Seil eine Brücke zu bauen, welche in mindestens 50 cm Höhe (Kniehöhe) verläuft. Das Seil darf nicht verknotet werden!

Jede Schülerin muss in der Lage sein, auf der Brücke eine Strecke von 4 Metern verletzungsfrei zu überwinden. Als Baumaterial stehen der Klasse das Seil und die Schülerinnen selbst zur Verfügung.

Erfahrungen:
Am Anfang scheint die Aufgabe unlösbar und erste Gedankenansätze erweisen sich als nicht praktikabel. Die Frustrationstoleranz der einzelnen Schülerinnen wird deutlich sichtbar.

Die Lehrerin kann gegebenenfalls durch Hinweise weitere Prozesse aktivieren.

In meiner beruflichen Praxis begegneten mir die unterschiedlichsten Brückenarten der Gruppen, vom Netz bis hin zur Strangbrücke.

Besonderes Augenmerk der Lehrerin gilt der gesundheitlich korrekten Haltung der Schülerinnen bei der Übung.

Seilschwung

Ort:	Klassenraum
Dauer:	10 Min.
Material:	ein Spielseil
Teilnehmeranzahl:	bis ca. 30
Teilnehmeralter:	Sekundarstufe 1 und 2

Beschreibung:
Das Seil wird von zwei Schülerinnen, wie beim Seilhüpfen, gedreht.

Die Klasse hat die Aufgabe, bei jedem Seilschwung eine Schülerin durch das Seil zu schicken (laufen, nicht springen!), ohne dass sie das Seil berührt.

Wichtig: Nach Beginn der Übung (Start der ersten Schülerin) darf es keine Leerdrehung des Seiles mehr geben.

Bei Verstoß gegen diese Regeln (Berührung des Seiles oder eine Leerdrehung) beginnt die Übung von vorne.

Hat die Gruppe die Aufgabe bewältigt, kann man die Schwierigkeit steigern: Dann geht es immer zu zweit, dritt, viert oder als gesamte Gruppe durch.

Erfahrungen:
Die Schülerinnen erkennen sehr schnell die Stärken und Schwächen der einzelnen und entwickeln dafür Hilfestellungen. Das erfolgreiche Absolvieren der ersten Runde (einzeln durchgehen) motiviert für die folgenden Runden.

Moorpfad

Ort:	Klassenraum
Dauer:	25 Min.
Material:	Teppichfliesen
Teilnehmeranzahl:	bis ca. 30
Teilnehmeralter:	Sekundarstufe 1 und 2

Beschreibung:
Die Klasse wird in zwei Gruppen geteilt, jede Gruppe soll über ein Moor von einer Seite des Raumes zur anderen gelangen. Dazu hat sie eine bestimmte Anzahl an Teppichfliesen zur Verfügung (immer 1 – 2 Fliesen weniger als Schülerinnen in der Gruppe). Diese Fliesen haben die Eigenschaft, dass jede ein bis drei Schülerin gleichzeitig trägt, doch sofort untergeht und damit für die Gruppe verloren ist, wenn sie nicht festgehalten oder berührt wird. Dieses Berühren kann mit einem Finger, der Hand oder dem Fuß erfolgen, doch ein kurzes Loslassen reicht und die Fliese geht verloren. Dann muss die Gruppe versuchen, mit den verbleibenden Fliesen auszukommen.

Der Lehrerin oder ausgesuchten Schülerinnen kommt die Aufgabe zu, unberührte Fliesen zu erkennen und der Gruppe zu entziehen.

Ziel der Gruppen ist es, dass alle Schülerinnen die gegenüberliegende Wand gemeinsam erreichen.

Erfahrungen:
Die Schülerinnen verlieren bei dieser Übung spätestens nach dem ersten Verlust von Fliesen ihre Berührungsängste.

Sollte durch Verlust zu vieler Fliesen eine Lösung der Aufgabe nicht mehr möglich sein, kann ein Neustart der Übung erfolgen.

Adlerflug

Ort:	Klassenraum
Dauer:	15 Min.
Material:	keines
Teilnehmeranzahl:	bis ca. 30
Teilnehmeralter:	Sekundarstufe 1 und 2

Beschreibung:
Für diese Übung ist eine vertrauensvolle und konzentrierte Atmosphäre in der Klasse notwendig.

Jede Schülerin darf einen Adlerflug in der Klasse erleben. Dazu legt sich die erste Schülerin mit dem Rücken auf den Boden. Die Schülerin verschränkt ihre Hände vor der Brust! Die Lehrerin erklärt den Ablauf der Vertrauensübung. Die liegende Schülerin macht sich steif wie ein Brett. Anschließend wird der Klasse verdeutlicht, dass in dieser Position der menschliche Schwerpunkt im Rumpfbereich, also von den Schultern bis zum Gesäß, liegt. Der Kopf ist ein besonders sensibler Bereich.

Aufgabe der Schülerinnen ist es nun, die erste Schülerin mindestens auf Hüfthöhe zu heben und wenn sie es wünscht, auch noch über die Köpfe.

Dazu treten die Schülerinnen dicht um die liegende Schülerin, hocken sich hin und schieben ihre beiden Hände unter den Körper der liegenden Schülerin. Mit Hilfe eines gemeinsamen Signals heben die Schülerinnen die liegende Person hoch und stehen selbst dabei auf.

Jetzt befindet sich die liegende Person auf Hüfthöhe ihrer Mitschülerinnen. Sie darf nun entscheiden, ob sie über die Köpfe gehoben werden möchte. Anschließend wird die nun schwebende Schülerin genauso konzentriert wieder auf den Boden abgelegt und eine andere Schülerin kann den Adlerflug beginnen.

Erfahrungen:
Bei einem Einsatz einer zweiten Pädagogin kann diese Übung parallel in zwei Gruppen durchgeführt werden.

Besonderes Augenmerk der Lehrerin sollte einer konzentrierten Atmosphäre und der richtigen Einstimmung der Schülerinnen gelten, denn dies vermeidet Verletzungen und schafft Vertrauen.

Die Schülerinnen sind im Verlauf der Übung erstaunt, dass auch große und schwere Schülerinnen gemeinsam über die Köpfe gehoben werden können.

Nicht selten fordern die Schülerinnen auch ihre Lehrerin auf, ebenfalls diese Reise zu machen. Dies schafft eine sehr starke Vertrauensbeziehung zwischen Schülerinnen und Lehrerin.

Über den Autor

Klaus Minkner

Handlungsorientierte Prozessbegleitung/Systemisches Coaching, Teamtrainer, Dozent

Aufgewachsen in einer Lehrerfamilie setzt sich Klaus Minkner frühzeitig mit klassischen und innovativen Lernmethoden auseinander. Er selbst lernte nie spielend leicht, doch er entdeckte für sich das spielende Lernen.

Nach dem Studium der Sozialpädagogik ging er im Jahre 2000 auf Studienreise zu Naturvölkern in Neuseeland, USA, Kanada und Alaska.

Es folgten Lehraufträge beim Lehrerfortbildungsinstitut Schleswig-Holstein, dem Pädagogischen Landesinstitut Brandenburg und der evangelischen Fachhochschule Hannover.

2001 bis 2006 freiberufliche Jugendsozialarbeit als erlebnispädagogische Einzelbetreuung von verhaltensauffälligen Jugendlichen im Vej e.V. Hannover

2001 bis 2010 Aufbau und Leitung des Vereins „aktivErleben e.V.", welcher natur- und erlebnispädagogische Methoden im Sozialkompetenztraining mit Schulklassen und Gruppen in Niedersachsen anwendet

Seit 2002 Durchführung von Lehrerfortbildungen, Führungskräfte-, Team-, Konflikt- und Persönlichkeitstrainings im Rahmen von Teamwärts

Seit 2007 Fachberater für NGO's in der Kinder- und Jugendhilfe

Seit 2010 systemischer Coach (Einzel- und Teamcoaching)

Wildnisführer, Ropes Coures Trainer, Fachübungsleiter Sportklettern und Baumkletterer.